曹胜高——著

孝宣之治

汉家制度与西汉中兴

中国出版集团有限公司
China Publishing Group Co., Ltd.

现代出版社

图书在版编目（ＣＩＰ）数据

孝宣之治：汉家制度与西汉中兴 / 曹胜高著.

北京 ：现代出版社，2025. 8. — ISBN 978-7-5231
-1418-6

Ⅰ．K234.109

中国国家版本馆CIP数据核字第2025S8Q130号

孝宣之治：汉家制度与西汉中兴
XIAOXUANZHIZHI: HANJIAZHIDU YU XIHAN ZHONGXING

著　　者	曹胜高
责任编辑	谢　惠
责任印制	贾子珍
出版发行	现代出版社
地　　址	北京市安定门外安华里504号
邮　　编	100011
电　　话	(010) 64267325
传　　真	(010) 64245264
网　　址	www.1980xd.com
印　　刷	三河市宏盛印务有限公司
开　　本	710mm×1000mm　1/16
印　　张	19
字　　数	206千字
版　　次	2025年8月第1版　2025年8月第1次印刷
书　　号	ISBN 978-7-5231-1418-6
定　　价	78.00元

目 录

绪　论

读史可以明智。

明晓古往今来的兴衰成败、得失存亡，可以更为深刻地理解世道人心，从更长远的视角来审视一个人、一件事、一段经历对于社会发展的意义，观察历史进程中的诸多细节。对个人而言，可以清晰地认知自己的人生长河如何汇入人类的汪洋大海，或成为泾渭分明的清与浊，或作为望洋兴叹的大与小，或成为潮起潮落的高与下。

记载历史的方式有很多，史家的记载、学者的考证、说书的演绎、演戏的杜撰，都可以成为精彩绝伦的书写，让不同的读者如痴如醉。对于一般读者来说，阅读《史记》《汉书》这类史书，除文言文的障碍之外，还有诸多名物制度的困难，更有历史语境的差异，难以让人置身其中，感同身受地理解那些跌宕起伏的人生经历、荡气回肠的爱恨情仇、无法言传的情绪体验。

这就需要读史者有机会用一般读者熟悉的方式，去解读中国历史中最有益、最有趣、最耐品味的人和事，带着读者回到历史场景之中，讲清楚其中所隐含的生存智慧、生活经验和生命体验，让我们对历史有理解也有认知，有态度更有判断。

理解中国，先要理解中国历史；理解中国历史，先要理解两汉的进程。两汉之前的中国，并没有实现真正的大一统。夏、商王朝治下的方国，只是认同中央王朝的存在。西周有了形式上一统的王朝，但周天子并不直接管辖诸侯封国的事务。到了东周，诸侯直接放弃了对周天子的朝觐。周天子成为名义上的领袖，诸侯各自为政地发展着不同的文化和学术，催生了诸子，也鼓励了争鸣。秦，虽然确立了郡县制，中央政府直接干预地方事务，却因"二世而亡"，没有来得及建构起稳定统一的国家。两汉经过四百年社会整合，形成了大一统的国家治理体系，有了共同的经典传承，有了相同的礼乐教化，有了相似的生活习俗，有了深刻的秩序认同，也有了深厚的社会共识。汉，不仅成为一个朝代的名称，也成为一种文化形态、生活方式和风俗习惯。

正因为如此，魏晋南北朝的杀戮与征服，却无法阻隔人心思汉的期待。近四百年的分裂与割据，仍无法阻挡百姓对天下一统的向往。这是因为两汉之后的中国形成了中华民族最为深厚的社会共识，有了道德共识、伦理认知、秩序向往和价值认同，中华文明形成了共同的信念和理想。

理解汉朝，可以从职官制度、历史地理、年代学或目录学入手，作为研究的法门；也可以从一个个人物的经历着眼，以增加阅读的兴趣，成为历史爱好者的路径。历史上那些生动鲜活的人物，更容易让我们理解个人的历史作用、人生选择和最终结局，明白真实的历史在很多时候要比戏剧和电影的情节更精彩。

我对汉朝的理解，小学时期来自连环画，中学时期来自《前汉演义》和《后汉演义》，大学时期才开始读《史记》、《汉书》和《后汉书》。后来，出于研究需要，我又读了不少历史材料，对汉朝故事有了更多的理解，对其中的诸多细节也有日渐深入的思考。其中，印象最为深刻的不是立汉的高祖刘邦，也不是强汉的武帝刘彻，而是实现了西汉中兴并阐释了汉家制度的汉宣帝刘询。

一、汉武帝的窘境

秦统一天下的壮举，很快变成了其治理天下的负担。以耕战起家的秦国，通过二十等爵制将全国百姓武装起来，平时耕作，战时作战。在秦攻伐东方六国的过程中，秦国上下变成了战争机器。百姓外出征战可以用斩获敌军首级来积累军功、获得爵位，将领可以以攻城略地来获得封赏，他们同仇敌忾、休戚与共，得以迅速灭掉东方六国。那么，战争之后呢？如果不能及时转型，秦国所打造的这台轰轰隆隆的战争机器，就会把国家带入万劫不复的深渊。东方诸侯对郡县制的抵触，又在四处引爆着风起云涌的怒火，要求秦不得不调整国家治理策略。

史料没有记载秦统一六国之后马放南山、解甲归田，表明秦始皇没有意识到要迅速将战时机制转化为和平机制，寻求到长治久安之法。秦始皇以防备匈奴南下为由，将大量军队分布于北境，驱使百姓修筑长城；又以修建阿房宫、骊山陵墓为由，征发徭役，大量耗费兵力、民力与国力。统一全国不到十四年，东方六国的贵族、平民都不约而同地认为"天下苦秦久矣！"①，并以此作为反秦的共同理由。因此，陈胜、吴广振臂一呼，东方六国贵族与平民便应声附和，不到三年时间看似无比强大的秦帝国就大厦倾覆。

当刘邦进入秦都咸阳时，与关中父老约法三章："杀人者死，伤人及盗抵罪。余悉除去秦法。"他委派官吏通告县、乡、邑时，居然"秦民大喜，争持牛羊酒食献飨军士。……唯恐沛公不为秦王"。②可见，秦统一天下十四年后，连秦地百姓也忍受不了其严苛之治。刘邦一个简单的"蠲削烦苛"的宣告就使得秦地"秦民大喜"③，足以证明秦朝十四年的统治是何等的残酷，足以让秦都的百姓人心思变。

秦对中国历史的贡献，在于其建立了一个行政统一的国家；秦的失败，在于其没有找到实现国家长治久安的治理策略。刘邦立汉之后，不得不继续秦未能完成的"历史答卷"，要为统一的国家寻找到一劳永逸的治理模式。为了推翻秦朝，刘邦支持六国复国的要求，支持项羽以"义帝"的名义分封了十八个诸侯王。为了获得将领们的支持，在楚汉战争中，刘邦又先后分封了七个异姓王，协助其夺取了天下。这些封国、封王的做法，尽管刘邦只是为了一时权变，却无形之中恢复了秦以前的诸侯分封制，体现了刘邦作为关东豪杰的传统认知：只有分封诸王于各地，才能有效拱卫政权。

---

①《史记·陈涉世家》，中华书局，1982年，第1950页。

②《史记·高祖本纪》，中华书局，1982年，第362页。

③同上。

汉立国后，刘邦在吕后的协助下"翦除了异姓王"，并与大臣进行"白马盟誓"："非刘氏而王，天下共击之。"①随后，建立了十个诸侯王国，分封刘氏以控制天下。这些王国可以自行安排官员、征收赋税、拥有军队，行政、经济、军事权力相对独立，相当于一个个地方政权，而中央政府所直辖的则只有十五个郡。吕后时期，诸侯王国增至十四个，汉文帝时期又增至十七个，汉景帝后期增至二十二个。这些诸侯王国的不断增加，极大地削弱了中央政府的财政实力。在汉文帝时期，朝廷的有识之士就意识到：随着这些诸侯王国的势力不断增强，中央政府的实力不断衰弱，只有采用削藩之策才能维持国家的长治久安。当汉景帝在晁错等人的支持下开始削藩时，吴、楚、赵、胶西、胶东、淄川、济南七国便发动武装叛乱。汉初同室操戈的结果，表明刘邦实行诸侯封国不过是一厢情愿的传统美意，并没有意识到靠血缘关系凝成的利益共同体，最终敌不过利益争夺中的尔虞我诈、你死我活。

汉景帝平定"七国之乱"后，乘机剥夺了诸侯王的诸多特权，使之再也没有实力与中央对抗。汉武帝即位后，推行"众建诸侯而少其力"的政策，②以"推恩令"的名义鼓励诸侯王将王国土地分封给子孙，因为分封越多，诸侯王的土地就会越分散，势力就会越弱，这就使得诸侯王们成为一盘散沙，彻底失去抗衡中央的可能。然后，汉武帝将诸侯王国的地位降到郡一级，由中央委派官吏前去治理，实现了行政上的统一。

---

①《史记·吕太后本纪》，中华书局，1982年，第400页。

②《汉书·贾谊传》，中华书局，1962年，第2237页。

汉武帝即位之初，最为焦虑的问题有三个：一是如何解释汉王朝的合法性？二是如何树立中央权威？三是如何应对匈奴南侵？这三个都是要命的问题：汉王室的合法性说不清，就疏解不了士大夫的质疑；中央权威树立不起来，就抑制不了诸侯的觊觎；匈奴一旦攻入长安，汉朝不仅永无宁日，而且还会万劫不复。

汉武帝采用了让士大夫说服士大夫的策略。元光元年（前134），汉武帝下诏策问贤良文学，寻求士大夫能够解释清楚："三代受命，其符安在？灾异之变，何缘而起？"①汉武帝表明了自己"欲闻大道之要，至论之极"的谦虚态度，鼓励士大夫来论证皇帝统一天下的合法性和合理性。

董仲舒通过《天人三策》论证了"君权天授"的学理：天命在汉，汉家天子即是权力的核心，所有诸侯王和大臣的合法性来自皇帝任命，分享着皇帝的天命，自然也要受皇帝的管辖。上天通过祥瑞、灾异来指导君王行政，从而保证天人合一，由此阐明了刘家天下的合法性。

在此基础上，董仲舒提出了强化中央权威的方法，那就是国家行政系统先要统一思想，对百姓实行礼乐教化，将儒家经学中的"尊王""攘夷"作为解决汉王室合法性的学理。"尊王"提升了皇帝的地位，"攘夷"合乎对付匈奴的现实需求。儒学契合了汉王室的理论需求，也有助于提升实现国家大一统的思想认同。

于是，汉武帝决定在博士体系中"罢黜百家，独尊儒术"，用儒家学说统一思想。董仲舒主张建立太学，立博士培养弟子，推行礼乐教化，

---

① 《汉书·董仲舒传》，中华书局，1962年，第2496页。

以此实现天下大治。元朔五年（前124），在公孙弘、孔臧的建议下，汉朝正式立太学，为博士置弟子五十人。学究一经，每年考核一次，考中者补为郎、文学掌故等职务，以作为博士弟子的入仕途径。至汉昭帝时，置百人，扩大了博士弟子入仕的甲乙科考规模。太学通过传授经学、科考选拔，为西汉培养了一批基层官吏。这些官吏精通儒家经典，能够以儒家学说来缘饰政事，提供政策建议，使得儒家经学成为西汉政论的依据，博士弟子、郡国文学也成为西汉官员的主要来源。

为强化中央的权威，汉武帝向诸侯王国派遣官吏，直接管理王国事宜。先颁布《左官律》，规定王国官为左官，低于一般官员；又颁行《附益法》，限制士人与诸王交游，削弱诸侯王的文化势力。与此同时，利用法律手段对诸侯王削爵、夺地和除国。例如，借口诸侯国所献助祭"酎金"的成色不好或斤两不足便削爵、夺地。从此之后，诸侯王唯得衣食租税，不能参与政事，与一般豪强富户无异。即便如此，汉武帝还要削弱诸侯王的声望，使之无法与中央抗衡。例如，河间献王好儒学，整理经典、雅乐，朝见汉武帝时言谈举止得体恰当。汉武帝问五策，献王辄对无穷。汉武帝顿时大怒，对献王说："汤以七十里，文王百里，王其勉之。"①言外之意是，你的道德文章如此之好，是不是要学习商汤、周文王，以诸侯之德而有天下？河间献王明白其意，回封国后便纵酒听乐、不务止业，以让汉武帝放心。由此可见，汉武帝时期的文治，主要

---

① 裴骃《史记集解》引《汉名臣奏》杜业语。参见《史记·五宗世家》，中华书局，1962年，第2094页。

是为了树立中央权威，将天下财税、学术、名望收归到中央，让儒生制礼作乐、文士献纳辞赋，以彰显中央的文化实力。

为应对匈奴的南侵，汉高祖、吕后、汉文帝时期，采用了息事宁人的策略，向匈奴示弱、与其和亲、馈赠物资，以换取边境和平。汉景帝时期，国力恢复，便充实边防，但仍采用守势。汉武帝即位后，开始主动反击：先遣四将军各万骑出边关攻击，又两次以卫青为大将军率六将军十余万人，出朔方、高阙出击匈奴；命霍去病率万骑出陇西，过焉支山千余里闪击匈奴，取得前所未有的胜利，使得匈奴暂时不敢南侵，维持了彼此之间的战略平衡。

汉武帝时期对匈奴持续作战是举全国之力而为之，特别是骑兵千里奔袭作战，需要后方的强力支援。汉文帝、汉景帝时期积累起来的国力和民心，在对匈奴的反击作战中发挥了巨大的作用。但汉武帝在匈奴北遁之后，继续劳师远征，不仅导致了李广利的失败，而且耗费了大量的人力、物力，使得财政日渐吃紧。之前，为筹措经费，汉武帝采用盐铁专卖政策，与民争利；至于晚年，汉武帝的穷兵黩武之策，更使得民生凋零、国力疲敝。汉武帝晚年在《轮台诏》中言："当今务在禁苛暴，止擅赋，力本农，修马复令，以补缺，毋乏武备而已。"[1]这时，汉武帝不得已提出重视农业生产、降低赋税，试图回到富民、守文的政策上来。

汉武帝积极开拓的文治武功，强化了汉朝的国家一统、行政一统和文化一统，使得汉朝彻底实现了郡县制，形成了稳定的帝制治理结构并

---

[1]《汉书·西域传》，中华书局，1962年，第3914页。

为后世所延续。但是，汉武帝在国家建构和秩序建制的过程中，也留下三个棘手的问题有待解决。

一是极度强化中央权威，导致汉朝元气大伤。由于汉武帝对中央权威的极度强化，使得他处心积虑地维持皇帝专权，对任何风吹草动都充满着疑虑，尤其是在晚期更是变本加厉到捕风捉影的程度。汉武帝相信方士，企图长生不老永享皇权，但方士的药和术没能让他更健壮，反而让他衰弱得更快。然而，汉武帝却认为是有人在背后诅咒他，这一疑心让他对周围所有的人产生了极度怀疑。最终，汉武帝怀疑到太子刘据和皇后卫子夫头上，酿成了"巫蛊之祸"，牵连了几百位大臣，株连了数万长安百姓。这次旷日持久的审讯和杀戮，几乎断送了汉武帝后期培养出来的大半政治精英，极大损伤了汉朝的元气。于是，汉武帝在万般无奈之下只能立年少的刘弗陵为太子并让霍光来辅政，是为汉昭帝。霍光便将外孙女嫁于汉昭帝，以外戚身份直接干预皇权，成为昭宣之际朝政的实际掌控者。

二是皇权与相权的行政冲突，导致汉朝政治动荡。汉武帝之前的行政，是由皇帝与丞相为代表的行政系统协商一致，然后付诸执行。在汉武帝之前，丞相多由功臣、贵族出任，君臣各司其职，尚有制衡。汉武帝则选拔侍中、郎官组成内朝，直接干预外朝事务。自公孙弘任相之后，直接将朝政的决策权交于汉武帝，从此之后诸多决策不是出于丞相府，而是出于内朝。内朝围绕汉武帝的独裁形成了决策体系，丞相、御史大夫便只能负责执行。因此，汉武帝临终任命辅政的大司马霍光，通过控制汉昭帝就可以把持朝廷决策之权，可以随意处置大臣甚至废黜皇帝，这就使得皇权旁落并造成了昭宣之际的决策困境。皇权与相权如何协调，君臣如何相处，是历代王朝必须面对的行政难题。在汉昭帝时期，汉武帝抑制相权的做法得到延续，多任守成者为相，权力集中于霍光手中，造成了这一时期的政治动荡。刘询所任用韦贤、魏相、丙吉、黄霸、于定国等人皆为良吏，形成了君臣相得的局面，实现了西汉的中兴；同时其又能循名责实，选贤任能，暂时缓解了相权与皇权的冲突。

三是富国与富民如何平衡，成为汉朝国力兴衰的关键。在国家治理中，富国与富民的平衡如何实现，是汉武帝后期不得不面对的经济问题。汉武帝时期的穷兵黩武，使得国库入不敷出，民生凋敝。汉昭帝时的盐铁辩论是对此前富国、富民孰先孰后的大讨论，显然经过桓宽整理出来的《盐铁论》是支持富民优先的政策导向。尽管这一讨论没有直接废除盐铁专卖，却是秦以来第一次对富国优先政策的反思，也是对汉武帝时期经济政策的检讨。汉宣帝即位后，持续免税减赋，缓解了汉武帝时期的政策积弊，促进了农业生产和民间经济活力的恢复，使得国力迅速恢复。

这样来看，汉武帝在把汉帝国推向鼎盛的同时，也为汉王朝埋下了随时可以引爆的隐患，如外戚专权、民生凋敝、皇权虚弱等。这些问题尽管不是汉朝所独有，而是古代中国所有王朝必须面临的难题，却集中出现在汉武帝身后，成为继其位的汉昭帝必须面对的历史窘境，仍表明汉家制度在此时尚未彻底形成。因此，汉昭帝时期只有以改弦更张来寻求政策突围。

二、汉昭帝时的突围

历史既有其必然性又有其偶然性，必然性决定了历史的基本进程，偶然性决定了历史进程的复杂、多样和多元。例如，灾害、瘟疫的发生，就是影响历史进程的外部因素；某个皇帝的性格、喜好甚至婚变，也会影响到朝代的兴衰成败。汉昭帝得以即位，得益于其母钩弋夫人与汉武帝的种种奇缘。

当年，汉武帝巡狩经过河间，有望气者言当地有奇女。汉武帝立刻派人召见，该奇女自幼两手皆拳，但他用手一拨，女子双手居然立刻伸展开来。汉武帝认为这是天赐良缘，遂称女子为拳夫人，极尽宠爱。拳夫人入宫晋封为婕妤后，居钩弋宫，又称钩弋夫人。钩弋夫人怀孕十四月生下刘弗陵，又让汉武帝感到惊奇，言"闻昔尧十四月而生，今钩弋亦然"[1]，并以"尧母门"命名钩弋宫门。钩弋夫人之奇和刘弗陵出生之奇，让笃信天命的汉武帝对刘弗陵格外喜爱，在其五六岁时便常常用"这孩子像我"来评价之，宠爱之情溢于言表。

"巫蛊之祸"后，汉武帝废黜了皇后卫子夫和太子刘据。晚年不得不确立太子时，汉武帝面对子少母壮的刘弗陵和钩弋夫人，心中便存有隐隐的不安：前有吕后乱政，自己即位之初祖母窦太后控制朝政，让自己在五年时间内无法施展抱负。因此，汉武帝担心奇女子钩弋夫人会以皇太后的身份控制朝政，那样汉家天下不得不再次由外戚执政。

---

[1]《汉书·外戚传》，中华书局，1962年，第3956页。

这时，雄才大略的汉武帝顾不上"天赐良缘"，他要的是江山永固，于是借故赐死了钩弋夫人，以绝后患。这为后世"子贵母死"的传统开了先例。北魏时拓跋珪就曾教育太子拓跋嗣："昔汉武帝将立其子而杀其母，不令妇人后与国政，使外家为乱。汝当继统，故吾远同汉武，为长久之计。"[1]拓跋珪以汉武帝为榜样，也杀死了太子之母刘氏，以防太后干政。

汉昭帝即位时只有八岁，朝政不可避免地落到了汉武帝遗命的四个辅佐大臣手中：录尚书事的大将军霍光、车骑将军金日磾、左将军上官桀、丞相田千秋。一年后，金日磾去世，田千秋年迈身弱，霍光和上官桀不可避免地发生了权力冲突。

始元四年（前83），上官桀通过汉昭帝姐姐鄂邑长公主做主，将六岁的孙女嫁给了十二岁的汉昭帝为皇后。上官皇后的父亲是上官安，母亲则是霍光的长女，实际上上官皇后是霍光的外孙女。霍光与上官桀因为权力之争，分别告对方谋反，而汉昭帝选择了站在霍光一边。元凤元年（前80），霍光遂诛杀了上官桀及其支持者桑弘羊等人，逼迫参与此事的长公主鄂邑、燕王刘旦自杀，以上官皇后外祖父的身份成为朝廷的实际控制者。

汉昭帝将"政事一决大将军光"，在其成年之后也选择了习惯性的不管——"昭帝既冠，遂委任光，讫十三年"[2]，任由霍光处理朝政。在

---

①《魏书·太宗纪》，中华书局，1974年，第49页。

②《汉书·霍光金日磾传》，中华书局，1962年，第2936页。

此期间，霍光调整了汉武帝后期穷兵黩武的政策，问民疾苦，重视农业生产，逐渐恢复国力。其中，对历史影响最为深远的举措，便是通过盐铁辩论调整了行政思路，达成了重要的思想共识。

盐铁会议，是通过贤良、文学与大夫们的辩论，公开讨论传统的国家治理和理想的国家治理模式之间的孰是孰非，实际上是对汉武帝时期的政策进行反思。汉武帝后期，为了解决持续对外作战而形成的财政困境，主要采取了三种做法应对：一是改革币制，由朝廷掌握铸币权；二是以盐铁官营的方式，辅助均输、平准政策，由朝廷直接掌控商业，以增加财政收入；三是借助算缗告缗政策，增加税收，充实国库。这些做法，虽然在短时间内解决了财政问题，增加了财政收入，却因赋税之重使得社会凋敝、民生艰难。汉昭帝即位之初，财政虚耗，户口减半，谏大夫杜延年曾多次对霍光说："年岁比不登，流民未尽还，宜修孝文时政，示以俭约宽和，顺天心，说民意，年岁宜应。"[①]始元六年（前81）二月，昭帝下诏召开盐铁会议，讨论罢盐铁榷酤之事，开始了系统的政策反思。

汉武帝时期，传统的富国优先的政策已经成为行之有效的行政传统，以御史大夫桑弘羊为代表的官员系统，坚定地维护既有的财政政策。桑弘羊十三岁被汉武帝任为侍中，后任大农丞、治粟都尉兼领大农令、大司农、御史大夫等职，掌管汉武帝时期的财政，建树颇多，资历在霍光之上。司马迁曾赞美桑弘羊推行盐铁官营、统一铸钱、均输、平

---

①《汉书·杜周传》，中华书局，1962年，第2664页。

准的贡献，一度实现了"民不益赋而天下用饶"。①但是，桑弘羊也意识到其所实行的政策日久，导致了民间的积贫："海内之士力耕不足粮饟，女子纺绩不足衣服。"②因此，征和四年（前89），汉武帝颁行《轮台诏》表达了重农之意，却并未对财税体系进行大的调整，仍任桑弘羊为御史大夫。在汉武帝后期，桑弘羊担任大司农之职，掌管全国财政税收。大司农下设中丞、太仓、均输、平准、都内、籍田、斡官、铁市等属官，直接管辖朝廷及郡国农业、税赋、仓库、水利等事务，控制着国家经济命脉。桑弘羊自觉"为国家兴榷筦之利"，常自夸其功。这就成为霍光实现政事一决于身的障碍。

从政见上来说，桑弘羊坚持既往的经济政策，霍光则倾向于省静国力。霍光要么削弱桑弘羊的势力，才能调整政策；要么调整政策，来削弱桑弘羊的势力。始元六年（前81），霍光让故吏杨敞出任大司农一职，从人事安排上对桑弘羊进行制约。

盐铁会议名义上是由丞相田千秋主持的，但田千秋谨慎忠厚，虽居相位，常推让政事于霍光。田千秋对霍光最常用的表态便是"唯将军留意，即天下幸甚"③，以"终不肯有所言"的态度应对霍光的决策。一次，田千秋召集部门官员开会，霍光则"以千秋擅召中二千石以下，外内异言"④，将廷尉、少府下狱，以此警告田千秋。由此可见，没有霍光的支

---

①《汉书·食货志》，中华书局，1962年，第1175页。

②《史记·平准书》，中华书局，1962年，第1442—1443页。

③《汉书·车千秋传》，中华书局，1962年，第2886页。

④《汉书·杜周传》，中华书局，1962年，第2662—2663页。

持，田千秋是不会擅自召开盐铁会议的。从二十年后桓宽整理的《盐铁论》来看，双方只有激烈的辩论，却没有最终的决议，表明了当时主持会议的田千秋只是旁听而不做表态。

由此来看，诏举贤良文学、讨论盐铁的动议得到霍光允许，甚至可以说是霍光一手策划的。田千秋主持盐铁会议，以问贤良文学、民间疾苦来讨论经济政策，便是将矛头对准了一直以盐铁专营自负的桑弘羊。霍光虽然不学无术，但他知道贤良文学和普通百姓，"愿罢盐铁酒榷均输官，毋与天下争利，视以俭节，然后教化可兴"①。桑弘羊则必然坚持专卖政策为"国家大业，所以制四夷，安边足用之本，不可废也"②，反对调整既有政策。

从《盐铁论》的记录来看，御史、大夫与贤良文学所争问题有四：一是经济上富国还是富民。御史、大夫们主张盐铁官营，有助于国家税赋；贤良文学则认为平准、均输、酒榷制度是与民争利，认为安民富国之道在于重农富民，只有除饥寒之患、罢盐铁、退权利、分土地、趋本业、养桑麻才能实现国富民强。二是在外交上主和还是主战。大夫们认为汉初对匈奴和亲与馈赠并未消除边患，汉武帝奋力反击才稳固边防，因此必须充实边备、不断备战，才能维护国家安全；贤良文学主张秉持废力尚德，致力于和平，认为长期持续用兵必然会带来繁重徭役、损耗国力。二是政治上用德还是用刑。大夫们坚持严刑峻法，让百姓令行禁

①《汉书·食货志》，中华书局，1962年，第1176页。
②同上。

止；贤良文学则主张简法宽刑，实行德教，改善社会风气。四是学术上
重儒还是重法。大夫们认为儒学不能安国、尊君、济世，主张延续刑政
传统；贤良文学则认为要明德教、谨庠序、崇仁义、立教化，改良世道
人心，实现国家长治久安。

盐铁会议不仅触及了汉武帝一朝的执政思路，而且涉及国家治理策
略的讨论。特别是对汉武帝晚年功费愈甚、天下虚耗的情况进行了反思，
可以视为汉昭帝时期对此前国家治理理念和治理方式的系统调整，不仅
为汉昭帝时期的政策走向提供了理论依据，而且为汉宣帝时期的执政理
念提供了有益参考。

经过盐铁辩论之后，御史大夫桑弘羊与丞相田千秋共同上奏请求
罢除"酒酤"，又废除了"酒酤之法"，立刻降低了酒价。同时，采取
积极措施反战和促进农业生产，免除农民赋税、徭役，降低盐价，试
图与匈奴保持友好关系。班固认为汉昭帝时期"轻徭薄赋，与民休息。
至始元、元凤之间，匈奴和亲，百姓充实"[1]，让国家从疲敝之中恢复了
生机。

可以说，盐铁会议的导向是"重农务本"，表明霍光理解并遵循了
汉武帝晚年"与民休息"的夙愿，并使其成为汉昭帝、汉宣帝时期一以
贯之的政策走向。汉昭帝即位初，就遣故廷尉王平等五人持节循行郡国，
"举贤良，问民所疾苦、冤、失职者"[2]，关注民间疾苦。此后，朝廷多

---

① 《汉书·昭帝纪》，中华书局，1962年，第233页。

② 同上书，第220页。

次遣使者振贷给贫民缺乏种子、粮食者，免除灾害地区的田租，持续宽政于民。汉昭帝将政事全部托付给霍光，这些宽徭薄税、重视农业的政策显然得到了霍光的支持，使得西汉的行政朝着"俭约宽和"的方向发展，遵从了汉武帝"禁苛暴，止擅赋，力本农"的遗愿，得以从武帝晚年的困境突围了出来。

三、汉宣帝的清醒

汉昭帝无后，霍光率众臣选择了昌邑王刘贺即位。刘贺无行，即位之初就挑战霍光的权威，做皇帝二十七天后便被废黜。汉武帝子孙零落殆尽，只好选择了流落民间的刘询即位，是为汉宣帝。

刘询是汉武帝曾孙，其祖父是在"巫蛊之祸"中被废而后自杀的戾太子刘据。刘询刚刚出生便被收入郡邸狱，幸得大臣丙吉保护而幸免于难。刘询后来被列入宗室供养，以庶人身份居住在长安城南的尚冠里。他常在关中地区游玩，既喜游侠，好斗鸡走马，又读诗书，慈仁爱人，因而深知民间疾苦，也知道吏治得失。在民间时，刘询便深知霍光家族的势力，在即位之初便选择了隐忍，且每次见到霍光都格外谦虚谨慎。在霍光夫人谋害与之患难与共的皇后许平君后，刘询迫不得已迎娶了霍光的小女儿为皇后并对其显示出足够的宠爱，却始终没有与霍皇后生育一儿半女，为的是保全与许皇后所生的太子刘奭。

汉宣帝即位之初，他也效仿汉昭帝让政事一决于大将军霍光，但他在隐忍中却不断蓄势，逐步赢得了朝野的支持。

本始二年（前72）五月，汉宣帝下诏讨论武帝庙乐，称赞汉武帝"功德茂盛，不能尽宣，而庙乐未称"①，要求公卿大臣议论此事。除长信少府夏侯胜外，大臣皆纷纷赞颂汉武帝的功劳，奏请尊武帝庙为世宗庙，"奏《盛德》《文始》《五行》之舞，天下世世献纳，以明盛德。武帝巡狩所幸郡国凡四十九，皆立庙"②。汉宣帝借此确定武帝的地位，宣示自己为汉武帝嫡曾孙的身份，是汉王室正统的继承人。这一做法，不仅赢得了宗室成员的认同，也得到了霍光家族及其追随者的认可，更换取了同情戾太子刘据遭遇的官员们的支持。在为汉武帝立庙乐后，汉宣帝立刻大赦天下，赐给男子一级爵位，女子以百户为单位赏赐牛、酒，允许民间聚会五日，既宣示自己即位的合法性，又赢得了百姓的拥护。

为了赢得百姓的拥护，汉宣帝充分利用行政惯例，尽可能大赦天下，每逢祥瑞、灾异即下诏减租、免税。汉宣帝在即位之初，曾以"凤凰来集"的祥瑞下诏："赦天下。赐吏二千石、诸侯相、下至中都官、宦吏、六百石爵，各有差，自左更至五大夫。赐天下人爵各一级，孝者二级，女子百户牛、酒。租税勿收。"③宣布对全国官吏、百姓加爵、赏赐，减免税收。立许皇后时，"赐诸侯王以下金钱，至吏民鳏寡孤独各有差"④；立霍皇后时，也"赐丞相以下至郎吏从官金钱帛各有差。赦天

---

①《汉书·宣帝纪》，中华书局，1962年，第243页。

②《汉书·夏侯胜传》，中华书局，1962年，第3157页。

③《汉书·宣帝纪》，中华书局，1962年，第242页。

④ 同上书，第239页。

下"①。此后，郡国一旦有灾，汉宣帝立即下诏免除租赋。本始四年（前70）正月，汉宣帝以农业歉收为由，要求有司"振贷困乏"，救济百姓；四月，又以郡国地震，免除受灾者租赋，再次大赦天下。这些让利于民的临时措施，与汉昭帝"薄徭轻赋"的政策一脉相承，极大地减轻了百姓负担，不仅霍光无法反对，而且赢得了朝野赞许，让汉宣帝有了广泛的民意支持。

汉宣帝在"与民休息"的基础上，持续减免租税，多次将公田借给流民耕种，由官府提供种子，免除租税徭役，轻徭薄赋，恢复农业生产。为应对灾害，他建立常平仓，储备粮食。元康年间（前65—前61），朝廷粮食库存有余，百姓殷实，谷价低至一石五钱，彻底从汉武帝晚年"海内空耗"中走了出来，实现了有汉以来最为富足的繁荣昌盛。

霍光去世后，汉宣帝亲政。汉宣帝充分表彰了霍光对汉王朝的卓越贡献，随即持续削弱霍家的权力，并最终平定了霍家的叛乱。与此同时，他开始完善制度，对公卿、郡守提出了明确的职责要求，要求官吏随时奏事，不得隐瞒下情。他建立了"五日一听事"的考核体制，对户口、垦田、钱谷、收支、盗贼、断狱等进行考核，依据考核结果对官员或升迁或罢黜，建构了完善的行政运行体制。班固认为这一体制"枢机周密，品式备具，上下相安，莫有苟且之意也"②，而这一运行顺畅的行政机制促成了励精图治的良好政风。

---

① 《汉书·宣帝纪》，中华书局，1962年，第245页。

② 同上书，第248页。

汉宣帝认为太守是国家治理的关键。百姓能够安心农耕无忧无虑，全赖于郡县的行政公平、律令得当，而太守是决定郡国治乱的关键。每次选任太守时，汉宣帝都要亲见问询，"观其所繇，退而考察所行以质其言，有名实不相应，必知其所以然"①，对太守的名实进行考察，保证其德行、能力足以胜任工作。他对那些重农安民、推行教化的太守，常常以诏书勉励，擢升其爵，赏赐金帛，按照朝廷公议擢升为公卿。班固不禁称赞道："汉世良吏，于是为盛，称中兴焉。"②班固列了西汉最著名的循吏六人，其中五人出自汉宣帝时期，可见汉宣帝选贤任能的眼光和改良政风的实效。

与此同时，汉宣帝遵守综核名实、赏罚分明的原则，对不称职的官员进行黜治，特别是严肃处理那些滥用刑罚的官员。例如，赵广汉、韩延寿、严延年、张敞等人，具有较强的行政能力，却存在德行瑕疵，或滥用刑罚，或德行有亏，因而受到严厉惩罚。韩延寿治理东郡三年，有令必行，有禁必止，刑狱减少，成为地方治理的典范。但是，韩延寿在都试时车服、侍卫奢僭逾制，私自取用官府铜物，仿照皇帝专用的尚方令铸作刀剑钩镡；未经批准动用官府钱帛，私自装饰自己的车子、服饰，花费三百万以上，有僭越之实。当时，御史大夫萧望之得到举报来核查此事，但接任萧望之担任左冯翊（左内史）太守的韩延寿听闻核查之后，却让属下核查萧望之在任时的账目，逼迫官吏指认萧望之曾给

---

① 《汉书·循吏传》，中华书局，1962年，第3624页。

② 同上。

手下发放过一百多万的公款。韩延寿反过来弹劾萧望之，并在宫门外堵截，不让萧望之调查自己。汉宣帝听闻后，让人分头调查，最终发现韩延寿所为属实，萧望之查无实据。于是，公卿纷纷指责韩延寿"前既无状，后复诬愬典法大臣，欲以解罪，狡猾不道"①，汉宣帝遂将韩延寿以弃市处死。

张敞在担任京兆尹时不拘小节，常深入市井走访，政绩卓著，常得汉宣帝嘉奖。司马迁的外孙、光禄勋杨恽被诛后，株连到好友张敞，但汉宣帝惜其才能，并未将其罢免。张敞让属下贼捕掾絮舜去查此案件，但絮舜对人说张敞不出五日就要被免职，是"五日京兆"，自己还去办什么案？张敞听后立刻将之拘拿，审讯后斩首。结果，絮舜家人载着絮舜尸体向朝廷举报冤狱。汉宣帝听闻后，立刻将张敞削职为民。

汉宣帝选贤任能、综核名实、整顿吏治，实现了人尽其才、才尽其用。班固言之为："孝宣之治，信赏必罚，综核名实，政事文学法理之士咸精其能，至于技巧工匠器械，自元、成间鲜能及之，亦足以知吏称其职，民安其业也。"②

汉宣帝的文治，体现在他对经学的关注上。汉宣帝即位后，听闻祖父戾太子刘据喜《穀梁传》，便诏问韦贤、夏侯胜、史高，欲推隆此书。经过寻访，得知蔡千秋精通《穀梁传》，便擢升其为谏大夫给事中，选一个郎官跟其学习。蔡千秋去世后，又征江公之孙为博士，让刘向待诏

---

① 《汉书·韩延寿传》，中华书局，1962年，第3215—3216页。

② 《汉书·宣帝纪》，中华书局，1962年，第275页。

受《穀梁传》，又让周庆、丁姓待诏等人皆学习之。经过十余年的传承，《穀梁传》形成了系统说解。甘露元年（前53），汉宣帝召开会议，由"五经"名儒旁听，《公羊》《穀梁》之学各出五人，设置三十多个议题，辩论彼此之间的异同。《穀梁》学与《公羊》学可以分庭抗礼，使得《穀梁》学从此大盛。

甘露三年（前51），汉宣帝进一步下诏，让诸儒辩论"五经"同异，由萧望之平奏所议内容。汉宣帝在最后亲自参加，裁决经义。这次经学大辩论在石渠阁召开，围绕经义展开了深入讨论，史称石渠阁会议。从《汉书·艺文志》所载来看，这次会议所形成的奏议有一百六十五篇，围绕《尚书》《仪礼》《春秋》《论语》和"五经"的其他问题展开了讨论，是中国经学史上的创举。这次辩论的最大成果，是将汉武帝时所立的五经七博士，扩充到五经十二博士，推动了两汉经学的发展。此前，汉武帝时博士弟子五十人，汉昭帝时增为百名，而汉宣帝在此会后倍增之，进一步扩大了太学规模。博士弟子每年参加甲乙科考，"选用为郎、文学掌故，秩二百石、百石"，是儒生入仕的主要门径。博士及其弟子数量的扩充，意味着每年选用的初级官员数量增加，这些博士及其弟子入仕为官则深刻影响了汉元帝之后的学术格局和政治生态。

汉宣帝的武功，是历代史家津津乐道的盛举。汉宣帝时的国力要比汉武帝时期强大得多，兵强马壮，有了威慑匈奴的综合实力。本始二年（前72），汉朝便动用十六万兵马分五路出击匈奴，是有汉以来最大规模的一次攻击行动。为了实现对匈奴作战的主动，汉宣帝先后派常惠、郑吉等人出使西域，交好西域诸国，并设置西域都护府统领天山南北，将西域纳入中华版图。与此同时，汉宣帝任用赵充国平定羌乱，采用恩威并施、怀柔为上的策略，平定了西羌之乱，维持了西北地区的稳定。羌人的稳定、西域的内附，形成了对匈奴的战略主动，以逸待劳、敲山震虎地等待匈奴的内乱。

其中，标志性的事件是，甘露三年（前51），匈奴呼韩邪单于南下长安朝见刘询，主动称臣。汉宣帝以德服人，诏令单于不必拜谒，以客礼待之，相互尊重。双方在长平阪相会时，观礼者有周边各国君长、王、侯数万，对汉朝高呼"万岁"。这次会见，标志着有汉以来对匈奴作战取得了根本性胜利，也标志着汉宣帝对匈奴恩威并重的策略取得成功。逢此盛事的刘向，由衷地赞美汉宣帝的功劳："政教明，法令行，边境安，四夷亲，单于欸塞，天下殷富，百姓康乐，其治过于太宗之时，亦以遭遇匈奴宾服，四夷和亲也。"①

西汉自刘邦立国以来对外患的战争，在汉宣帝时期取得了决定性的胜利，得益于"重农务本"的经济策略所形成的雄厚国力，得力于综核名实所形成的清明吏治，得助于盐铁辩论之后尚德和平的外交策略，更取决于汉宣帝在位二十五年的励精图治。因此，史家以"昭宣中兴"来定性这一时期的经济发展、政治清明、社会稳定和边防稳固。可以说，汉宣帝刘询继承了汉武帝所开创的文治武功，纠正了其急功近利、刻薄寡恩、严刑峻法的不足，将文治与武功结合起来并将汉王朝推向了前所未有的鼎盛，也为古代中国的国家治理积累了诸多行之有效的经验。由

---

①《风俗通义校注·正失》，王利器校注，中华书局，1981年，第98页。

此形成的汉家制度，不仅是对秦汉国家治理经验的总结，也是对古代帝制运行模式的开启。

历史进程的一小段，对个人而言是跌宕起伏的一生。即便置身其中的汉宣帝刘询，也曾有过身不由己的困顿，更有过欲哭无泪的酸楚，还有壮志难酬的遗憾。在历史叙事中，既往历史的概括叙述常常会遮蔽一个时代的诸多细节，也会忽略一个人艰辛而独特的人生经历。为了与读者感同身受地理解西汉中兴的进程，这里不妨以汉宣帝刘询为线索，来依次呈现这段历史中有趣的人和事，理解所有的成就都要经过艰辛的付出，所有的成功都需要艰难的坚持，所有的获得都是一个艰苦的历程。

第一章　巫蛊之祸

"巫蛊之祸"的起因，是一起偶然事件所引发的风化案件。

这起风化案件的主人公，是公孙敬声和阳石公主。公孙敬声的职务是太仆，负责管理皇帝的车马。公孙敬声的父亲是当朝的丞相公孙贺，主管全国的行政事务。这二人都是汉武帝的股肱之臣，跟随在汉武帝身边办事。阳石公主则是汉武帝与皇后卫子夫的女儿。①这件风化案，既关乎国家体面，又关乎皇家的脸面。

这个案件之所以被揭发出来，是出于丞相公孙贺的私心。

汉景帝七年（前150）四月，七岁的刘彻被立为太子，公孙贺被任命为太子舍人，负责东宫宿卫，兼任汉武帝侍从。公孙贺成了刘彻在青少年时期最为信任的贴身侍卫。刘彻即位后，立刻擢升公孙贺任太仆。汉朝的太仆秩中二千石，主管皇帝车辆、马匹，直接在鞍前马后效劳。太仆在外朝又管理畜牧事务，负责为军队提供战马，也是汉武帝后来出击匈奴的有力保障。建元三年（前138），为了表彰公孙贺保驾、护驾的功劳，汉武帝诏令公孙贺娶了皇后卫子夫的姐姐卫君孺。这样，有着长期共事情义的公孙贺与汉武帝成为连襟，有了天然的姻亲之情。卫君孺

---

①《史记·外戚世家》载："子夫后大幸，有宠，凡生三女。"参见《史记·外戚世家》，中华书局，1962年，第1979页。

与公孙贺所生的儿子公孙敬声，实际是汉武帝的亲外甥。

公孙贺参与了汉武帝出击匈奴的所有作战行动，先后被封为轻车将军、骑将军、左将军。在大将军卫青的调度下，公孙贺七次出境作战，功劳不大，苦劳不小。公孙贺能持续升职，足以看出汉武帝对公孙贺的器重和信任。太初二年（前103）正月，在丞相石庆去世后，汉武帝任命公孙贺为丞相，而其空缺出来的太仆职务则由其子公孙敬声出任。

公孙敬声出任太仆之前，职务不过是侍中，为汉武帝掌管车马、服饰、器物，并无太大建树。公孙敬声主要是仰仗皇亲国戚的身份，不断获得升迁。荣华富贵的日子养成了公孙敬声的骄纵奢侈之风，他居然私自挪用了北军经费一千九百万，事发被捕，锒铛入狱。

征和元年（前92）夏，汉武帝在建章宫休息，恍惚间看到一个男子带剑入宫，就命卫士捉拿。那男子弃剑而去，卫士追捕无果。这让汉武帝勃然大怒，不仅斩杀了守门官，而且由此生出了心病。汉武帝总疑心宫禁、林苑中有人图谋不轨来刺杀自己，严令禁卫加强防范。到了十一月，汉武帝居然下令紧闭长安各城门，发动三辅骑士大搜上林苑周围数百里，以防刺客藏匿其中。

在这次大搜捕中，阳陵大侠朱安世被列入追捕名单，但三辅地区与长安的官员却始终没能找到朱安世的踪迹。汉武帝听到消息后，严令务必将之尽快捉拿归案。于是，丞相公孙贺借此机会向汉武帝提出请求：倘若自己能捉到朱安世，期望能以此来赎公孙敬声的罪过。

汉武帝同意了公孙贺的请求。为了儿子身家性命的公孙贺格外认真，他举丞相府之力来抓捕朱安世。

　　朱安世是有名的侠客，得知自己被抓捕是因为公孙贺试图为其子脱罪才不遗余力，于是大笑道："丞相祸及宗矣。南山之行不足受我辞，斜谷之木不足为我械。"①意思是说，你公孙贺不仁，休怪我不义！你们父子的罪过罄竹难书，我就要全部揭发你们的罪责啦。于是，朱安世立即检举揭发公孙敬声。

　　朱安世列举公孙敬声的罪过有三：一是公孙敬声和阳石公主私通；二是指使巫师利用祭祀诅咒皇上；三是在祭天的甘泉宫驰道上埋偶人诅咒。汉武帝一听检举：这父子俩的罪过要比朱安世严重得多啊！特别是后两条的诅咒，只有可能诅咒自己，这不正是自己衰老得病的原因吗？

　　于是，汉武帝下令彻查公孙贺父子。结果，经朝廷有关机构的严肃调查，朱安世所举报的内容属实。

　　这让汉武帝极为愤怒，愤怒的是老部下和亲外甥如此不顾伦理、不念旧恩、不要脸面，更可恶的是居然还背后诅咒自己。《汉书·公孙敬声传》记载其处理经过："下有司案验贺，穷治所犯，遂父子死狱中，家族。"②负责审理此案的官员不敢大意，严厉审察，结果是公孙贺、公孙敬声父子未经审判就死于狱中。

　　由于丞相和太仆未经审判便死于狱中，汉武帝不得不给朝廷官员和全国百姓一个交代。征和二年（前91）春，汉武帝亲自下诏御史，宣布了公孙贺、公孙敬声父子的罪状：

---

①《汉书·公孙敬声传》，中华书局，1962年，第2878页。
②同上。

故丞相贺倚旧故乘高势而为邪，兴美田以利子弟宾客，不顾元
元，无益边谷，货赂上流，朕忍之久矣。终不自革，乃以边为援，
使内郡自省作车，又令耕者自转，以困农烦扰畜者，重马伤耗，武
备衰减；下吏妄赋，百姓流亡；又诈为诏书，以奸传朱安世。狱已
正于理。①

汉武帝采用了一以贯之的手法，将自己的全部决策失误直接推给了丞相
公孙贺。汉武帝在位五十四年，共任用了十三位丞相，三位被杀，四位
自杀，一大半不能善终。正所谓，"自己有过，畏罪自杀；皇上有过，
丞相背锅"。公孙贺之前的丞相李蔡、庄青翟、赵周都被汉武帝逼得畏
罪自杀。因此，汉武帝任公孙贺为丞相时，公孙贺知道凶多吉少，死活
不愿接任、不敢接任。直到汉武帝大怒，公孙贺方才硬着头皮接下丞相
这烫手的职务。果然，在这份诏书中，汉武帝把近年来的所有行政过失
全部推给了公孙贺：一是不顾百姓疾苦；二是导致粮食匮乏；三是导致
武备衰减；四是随意增加赋税；五是导致百姓破产流亡；六是假传诏令
逮捕朱安世。这六条说的是公孙贺的劣迹，做的却是汉武帝本人。特别
是假传诏令逮捕朱安世，汉武帝直接瞒天过海，睁着眼说谎话，说那是
公孙贺矫诏干的。这样一来，公孙贺死有余辜，汉武帝能解民于水火，
显得皇帝永远英明神武。

死人不会说话，公孙贺父子没有机会辩解了。汉武帝宣布公孙贺父

---

①《汉书·刘屈氂传》，中华书局，1962年，第2879页。

子已被处理，他自己的好大喜功以致国家空耗、百姓疲敝顿时靠这父子俩解了围。征和二年（前91）正月，公孙贺被灭族，其妻卫君孺死。四月，诸邑公主、阳石公主皆坐巫蛊死。颜师古注："二公主皆卫皇后之女也。"① 如果说阳石公主因为与公孙敬声私通而被处死是由于公孙家族株连，那么诸邑公主之死则是她直接被牵涉进了朱安世举报的巫蛊之事中。

巫蛊，是利用巫术进行祭祀祝诅，既可以使自身获得福佑，又能对憎恶者进行报复。巫蛊之术，是巫与蛊的合称。巫术是采用人神交感的方式，沟通某种神秘力量以获护佑，认为其能保护自己不受他人伤害，也因此具有了诅咒对方的功能。当年秦国为了对付楚国，曾作《诅楚文》，以秦王的名义祈祷大神巫咸，让大神显灵以阻挡楚军。在民间诅咒巫术中，最为常用的是用木、泥做成人像埋于地下，或藏于对方生产生活之所，用箭射之，或用针刺之，每天进行诅咒，认为这会让被诅咒者病死、暴亡。蛊，是培育毒虫，让其毒性增加，然后放置在井水中或者食物中，对方吃下后就会毒性发作，受尽折磨死去。因此，汉代的《贼律》规定："敢蛊人及教令者弃市。"在民间，严禁巫蛊之术。

秦汉时期，巫蛊风气却在暗中流行。汉景帝时的栗姬，"常使侍者祝唾其背，挟邪媚道"②，让汉景帝失望而对她疏远。汉武帝时因"金屋藏娇"而闻名的皇后陈阿娇，也用"挟妇人媚道"③诅咒汉武帝喜欢的卫子夫。《汉书·外戚传》记载了陈阿娇"媚道"的方式：

---

①《汉书·武帝纪》，中华书局，1962年，第208页。

②《史记·外戚世家》，中华书局，1962年，第1976页。

③ 同上书，第1979页。

女子楚服等坐为皇后巫蛊祠祭祝诅，大逆无道，相连及诛者三百余人。楚服枭首于市。使有司赐皇后策曰："皇后失序，惑于巫祝，不可以承天命。其上玺绶，罢退居长门宫。"[1]

栗姬、陈皇后正是利用巫术、祭祀、祝诅之法，以求福佑。汉景帝对栗姬不过是失望，汉武帝对陈皇后也是罢黜，但其为何对故友公孙贺父子和亲女儿诸邑公主、阳石公主参与巫蛊之事如此痛恨呢？

关键在于，汉武帝晚年对巫蛊之术心存忧惕。当时，匈奴与汉军作战时常用巫蛊之术来迟滞汉军的进攻。汉武帝在《轮台诏》中曾沉痛地说：

重合侯得虏候者，言："闻汉军当来，匈奴使巫埋羊牛所出诸道及水上以诅军。单于遗天子马裘，常使巫祝之。缚马者，诅军事也。"[2]

在这封通告全国的诏书中，汉武帝直接将征和三年（前90）对匈奴用兵失败的原因，归结于匈奴使用巫蛊之法使得贰师李广利大军大败。由此可见，汉武帝对匈奴巫祝之术的忌惮之深，绝非一日一时之言论，而是在长期与匈奴作战中逐渐强化的心理阴影。其中所言的"遗天子马裘"，

---

①《汉书·外戚传》，中华书局，1962年，第3948页。
②《汉书·西域传》，中华书局，1962年，第3913页。

是言匈奴赠予自己的马匹、服饰让巫祝诅咒，以便降祸于自己。

匈奴以巫蛊对付汉军，霍去病的早逝，汉军多次受阻，这都让汉武帝晚年极其警惕巫蛊之事。征和年间，自信了一生的汉武帝日渐衰老，但笃信天命的他不相信老天会如此待自己，不由自主地坚信一定有人在背后诅咒自己，才让自己如此垂垂老矣。班固在《汉书》中明确地说："是时，上春秋高，意多所恶，以为左右皆为蛊道祝诅，穷治其事。"①认为汉武帝晚年兴起"巫蛊之祸"的关键，是他觉得有人在背后诅咒。于是，汉武帝下令无论涉及谁、无论职务有多高，只要涉及巫蛊就要一查到底，严厉惩处。

当汉武帝听说自己的外甥、女儿居然在祭天时用祷辞，并在驰道上埋偶人诅咒自己时，便怒不可遏地下了死手，不仅旧情烟消云散，连亲情都冷若冰霜。汉王室由此拉开了彻查巫蛊的大幕。

公孙贺父子、诸邑公主、阳石公主灭族之后，汉武帝仍不断衰老，更加心有余悸，不断疑神疑鬼。当年夏天，汉武帝到甘泉宫养病，大白天做梦，居然梦到无数木人成群结队来攻打自己。可见，这时巫蛊已经成为汉武帝的心病。吓醒之后，汉武帝觉得身体更加不舒服，更加力不从心，已经被巫蛊弄得精神几乎崩溃的他再次下令在长安城中严查。

汉武帝把这项清除心头大患的重大任务交给了江允。

江充，本名江齐，原是赵人。江齐有一个妹妹能歌善舞，嫁给了赵太子刘丹，由此结识了刘丹的父亲、赵王刘彭祖，并成为其座上宾。刘

---

① 《汉书·武五子传》，中华书局，1962年，第2742页。

彭祖什么爱好也没有，就是喜欢在郡国里彻查不法并进行罚没，害得别人家破人亡。刘彭祖常常晚上跟着士卒巡查暗访，纠捕盗贼，使得贼寇不敢轻易进入邯郸。时间一久，赵国太子刘丹觉得父亲如此了解自己的私生活，一定是有人告密，就怀疑是江齐打小报告。江齐听闻后，立刻隐匿起来，逃出了赵地。刘丹逮捕了江齐的父亲、兄弟，经审讯得知确实是江齐向赵王告密，就把他们全部斩首了。

江齐逃到关中，改名为江充。江齐照例向汉武帝举报了赵太子刘丹：刘丹与同母的姐姐、赵王后宫妃妾通奸乱伦，并列举出了刘丹与郡国豪强交结、杀人越货等非法之举。

汉武帝听闻不由得大怒，立刻调兵逮捕了刘丹，押送到魏郡的监狱交由廷尉异地审理。廷尉审理后，依照汉朝的律令判处了刘丹死刑。赵王刘彭祖上书为刘丹鸣冤，认为江充不过是个逃亡之臣，为了苟且偷生不惜编造谎言、挟私报复，希望汉武帝能够明察。为了拯救儿子，刘彭祖提出自己愿率敢死之士去攻打匈奴、战死疆场，以换得汉武帝赦免儿子。

汉武帝没有同意刘彭祖亲赴战场，却废黜了刘丹的太子身份，给他保留了一条性命。

江充不惜将妹夫刘丹的隐私报告给刘彭祖，为的是能换得刘彭祖的信任，这是不义；出了事又隐匿逃亡，不顾念父亲、兄弟死活，做事不敢当，这是不仁。江充如此不仁不义之人，居然赢得了汉武帝的信任。

汉武帝晚年，特别信任这种不仁不义、对谁都敢咬的人。江充出卖妹夫隐私，赢得了赵王刘彭祖信任；举报妹夫，赢得了汉武帝信任。江充知道汉武帝喜爱奇人异事，首次被召见时居然恳请汉武帝让自己可以穿着日常服饰。

据史载，江充身材魁梧，一表人才。在这次召见中，他头戴步摇冠，以鸟羽为缨，身穿纱禅衣，曲裾后垂如燕尾。这奇装异服的装扮像极了神仙，让汉武帝顿时觉得见到的就是神仙，一下子对装扮出来的江充着迷了。

江充知道，单靠举报不足以赢得汉武帝信任，单靠外表也不能赢得重用，因而他要继续表演出奇异之士的才能为汉武帝分忧。于是，江充主动提出自愿出使匈奴，汉武帝问他具体方略为何？江充的回答是：只能随机应变、将计就计，不能提前谋划。

汉武帝给了江充谒者身份，让他替自己办事。西汉的谒者秩六百石，是皇帝身边的侍从，负责传递命令之类。也就是说，江充从此就是皇帝的人了。

汉武帝充分利用江充卖主求荣、毫无情义的特点，任命他出任直指绣衣使者，负责监督三辅地区的盗贼、豪强，有任何风吹草动直接禀报，还可以闻风奏事。

于是，江充便将狐假虎威、巧取豪夺的能力发挥得淋漓尽致。当时，长安城里的皇亲国戚、朝廷大臣、豪强大族生活豪奢，常有炫富耀富、违纪违规的行为。江充让手下盯着他们，稍微出点格，立刻举报，让汉武帝处置；或者对这些富豪进行威胁，轻则没收车马，重则弹劾免职。不知道是禀旨办事，还是矫旨办事，江充巧立名目、罗织罪名，逼得富豪显贵只好息事宁人，主动以罚款赎罪，以求平安。不久，江充罚款了数千万给汉武帝，这让汉武帝很开心。实际上，汉武帝正需要江充六亲不认、只忠于自己，这样才是非常忠诚、相当正直、十分靠谱的。

有了江充做眼线，汉武帝迅速掌握了贵族、朝臣和豪强们的隐私，抓住了他们的小辫子，可以任意处置。这才让汉武帝少了疑虑，多了安全感。

汉武帝居住在甘泉宫，太子刘据常派使者去问候。按照习惯做法，太子使者的马车可以行走于驰道。江充却以太子不在车上使者就不能走驰道为由，遂将使者扣押。太子听说后，立刻派人向江充道歉："这是我平时管教不严，请江君您能宽恕此事，不要报告给皇上。"江充一听，立刻向汉武帝汇报了。汉武帝却十分高兴，直接赞许道："做臣子就应该如此！"

汉武帝特别欣赏江充谁都想咬、谁都敢咬的疯狗精神。即便江充将牙齿对准自己的女儿阳石公主、开咬太子刘据时，汉武帝也觉得这鹰犬做得好，还给予了"奉法不阿"的肯定。顿时，长安城的官员和百姓都对狐假虎威的江充更加忌惮。

汉武帝比所有人都知道江充是什么人，因此他任用江充去彻查巫蛊是下了大开杀戒的决心，要斩尽杀绝有可能在背后诅咒自己的人，以保障自己的身体健康。

其实，长安城早就禁蛊，普通人并不知道如何用蛊，只有胡巫还保留着巫蛊的习俗。江充带着胡巫在长安城中掘地三尺，寻找埋于地下的偶人。顺藤摸瓜，逮捕了所有懂得制蛊、养蛊、放蛊的人，并抓捕夜间进行祭祀的可疑之人。凡是与巫蛊有关的人，立刻被收系入狱，并鼓励他们相互揭发、告密、诬陷。所以，被举报的人都要经过严刑拷打，最后以大逆不道之罪判处死刑。

汉武帝始终认为自己日渐病重，正是因为有人用巫蛊诅咒，要不梦中那数千木人哪来的？自己身体为何会不断虚弱？因此，只要牵涉到巫蛊之事，没有一个人敢说自己冤枉，辩解只会招来更加严厉的拷打，反而自认倒霉能少受皮肉之苦。就这样，汉武帝和江充处死了数万的官员百姓。但是，杀了那么多人，汉武帝照样衰老，他越来越健忘，身体更加不舒服，但他不认为是自己身体本身的事，却越来越怀疑身边亲近的人在不停地诅咒自己。

江充揣摩到了汉武帝六亲不认、只保自己的心思，就指使胡巫檀何对外宣称："长安宫中有蛊气，若不除去，皇上就不能病愈。"这就直接将矛头指向了后宫。果然，为了自己永远健康的汉武帝，命令大搜后宫。

江充先搜查不受宠爱的嫔妃所居之处，果然搜出了不少巫蛊。可是，汉武帝的病还是不能痊愈，那就继续搜，这就搜到皇后卫子夫和太子刘据所居之处。江充想到自己曾密告太子，若太子即位，自己必然为其所杀，不如挟私报复，废了太子，永绝后患。于是，江充带人进入皇后和太子宫中搜查，掘地寻找。为了查到巫蛊，江充甚至连皇后的御座也不放过。果然，江充宣称在太子宫中搜出了木桐人，得意扬扬地声明要奏明皇上。

太子刘据百口莫辩，不知如何是好，打算亲自到甘泉宫向汉武帝辩解。支持太子的太傅石德却告诫太子："这件事说不清楚。您与皇后曾去未央宫请安，尚未能见到皇上。皇上在不在世，也不一定啊。这个桐人到底哪来的？无法对证呀。别忘了当年扶苏被矫诏自杀之事。当务之急，只有除掉江充，才能避免被动。"

刘据去找母亲、皇后卫子夫商量。汉武帝对江充如此信任，即便他们被栽赃陷害，又怎么说得清楚？汉武帝又怎能相信？何况汉武帝因为巫蛊，刚刚杀了两个亲生女儿！

刘据觉得只有铤而走险才能自保，决心亲自处死把长安城闹得鸡飞狗跳的江充。于是，刘据派属下假托汉武帝诏令逮捕了江充，亲自监斩，立即处死，同时在上林苑烧死胡巫以绝后患。随后，刘据宣称皇上病重，担心京城有变，打开武库拿出武器装备武装属下，以防有人乘机作乱。

江充的属下章赣、苏文却突围出去，跑回甘泉宫直接向汉武帝报告：太子叛乱啦！

汉武帝顿时来了精神，仿佛病好了一半。他立刻起驾回建章宫，下令关闭城门，征发京兆尹、左冯翊、右扶风三辅的军队入城，由丞相刘屈氂统率平叛。

刘据不得已派使者假传诏令，征发长水校尉和宣曲宫的胡骑支持自己。同时，刘据亲自持太子兵符到北军，要求北军使者任安派兵支援自己。任安认为兵符非皇帝所发，拒绝出兵，隔岸观火。于是，刘据只好赦免了囚徒，发给他们武器，驱使长安百姓数万人，在长乐宫西阙与丞相刘屈氂统率的军队大打出手。双方混战五天，战死数万人。

刘据临时拼凑起来的武装，无法抵挡丞相率领的正规军。特别是官员百姓听闻汉武帝回到建章宫，还亲自指挥平叛，就不再支持刘据了。

刘据寡不敌众，只好南出覆盎城门，逃出长安。汉武帝随即派使者没收了皇后卫子夫的印绶。皇后卫子夫觉得汉武帝不信任自己，也不信任太子，顿感无望，也不辩解，以死证明清白。

于是，一场旷日持久的抓捕和杀戮开始了。刘据全家被灭，太子属官凡是跟随进攻入宫门者被一律斩首，追随太子反叛者被全部灭族，其他乘乱抢劫者全部被流放敦煌。官员中，放太子逃出城门的丞相司直田仁被腰斩，静观其变的北军护军使者任安也被腰斩，阻止丞相刘屈氂处罚田仁的御史大夫暴胜之只好畏罪自杀。这件事更有数万人受到株连。

"巫蛊之祸"改写了汉武帝后期的政策走向，深刻影响了此后昭、宣时期的政局。汉武帝为何如此大肆杀戮？

有的学者从权力斗争的视角来分析，认为汉武帝这么做是有意削弱卫家的势力，翦灭卫氏集团，以防外戚干政。这种说法认为卫青虽然去世，但卫家势力仍在，已经围绕太子刘据形成了威胁汉武帝的势力集团，其核心便是公孙贺。

其实，公孙贺与汉武帝的关系，远比卫青深厚。汉武帝曾任太子十年，公孙贺一直担任太子舍人，是汉武帝即位前最为信任之人。汉武帝即位后，将公孙贺提升为九卿之一的太仆，让他负责乘舆、车马、仪仗之事。按照礼制，汉朝皇帝出行由太仆驾车，因而即便是平常也应由公孙贺直接负责汉武帝的出行安全，他是汉武帝的贴身护卫。正因为如此，当丞相位置空缺时，汉武帝才强令公孙贺接任。倘若汉武帝将公孙贺视为卫氏集团的核心人物，就会对公孙贺父子严加提防，不会将丞相的大任交给公孙贺，更不会由其子公孙敬声接任太仆之职。

在朱安世案件中，汉武帝杀了亲生女儿诸邑公主、阳石公主，但将她俩划归卫氏集团也过于牵强了。史料并未记载诸邑公主、阳石公主二人夫家及子嗣的资料，显然她们尚没有形成一定的政治势力，更谈不上是以公孙贺为核心的卫氏集团成员。另外，在征和二年（前91）的诏书中，汉武帝并没有提及灭族的公孙贺有任何图谋不轨之事，只是让他为自己的决策失误背锅而已。

退一步讲，即便公孙贺父子因为姻亲关系成为卫氏集团的骨干，汉武帝借机除掉公孙贺是为了防外戚专权，其前提也是维护太子刘据的地位，让他即位后不受外戚干扰。也就是说，汉武帝如此良苦用心地除去公孙贺的目的，正是为了保护太子顺利即位，而不是借此除掉太子。

关键是，卫青与霍去病生前并不曾建立门客集团。司马迁曾说：

> 苏建语余曰："吾尝责大将军至尊重，而天下之贤大夫毋称焉，愿将军观古名将所招选择贤者，勉之哉。大将军谢曰：'自魏其、武安之厚宾客，天子常切齿。彼亲附士大夫，招贤绌不肖者，人主之柄也。人臣奉法遵职而已，何与招士！'"骠骑亦放此意，其为将如此。[①]

苏建从担任校尉起就追随卫青伐匈奴，先后出任游击将军、右将军，是卫青的得力干将。苏建曾劝卫青招纳贤士，为国效力。卫青明确表示：

---

① 《史记·卫将军骠骑列传》，中华书局，1962年，第2946页。

皇上（汉武帝）极其厌恶大臣招揽宾客，这样会授人以柄；自己只要奉行法令、谨守职责，就能得到皇上的信任，没有必要建立私人团队。霍去病也是抱着奉法守职的态度，并无政治野心。司马迁先后任太史令、中书令，他对卫青、霍去病忠于职守的论定，表明此二人直至去世并不存在卫氏集团。

从太子刘据仓促起兵来看，在现实中也没有形成卫氏集团。太子遭遇江充陷害时，他的第一反应是向汉武帝申冤，希望汉武帝能够谅解他。这表明刘据并没有提前篡权的计划，也没有形成一个决策的核心团队，只能听从太子太傅石德的意见。石德可能想到了公孙贺父子、诸邑公主和阳石公主的被诛，认为汉武帝对巫蛊"宁可疑其有，不会信其无"而无法辩解，更何况江充本来就是冲着皇后和太子来的，在此时机与其坐以待毙，不如起而行之。因此，刘据起兵也是临时的无奈之举，不是谋定而后动的行为。

刘据又找母亲卫子夫商量，最终才决定矫诏起事。司马迁和班固多次写刘据矫诏开武库武装部下攻打丞相府，又矫诏调发军队并持太子兵符亲赴北军，恰证明在未央宫、长乐宫、丞相府、北军等关键部门并没有太子的嫡系部队，又何来卫氏集团？刘据不得不临时释放囚徒、组织百姓的行为，更证明他身边没有形成稳定的党羽。当官员和百姓得知汉武帝坐镇建章宫指挥，刘据临时组织起来的武装顿时土崩瓦解，更显示出他在官员百姓中没有直接影响。倘若真的存在一个以大将军卫青、皇后卫子夫为首领的卫氏集团，做了三十年太子的刘据会在生死存亡之际临时组织囚徒和民兵来造反吗？

至于说丞相刘屈氂试图铲除太子刘据，为昌邑王刘髆即位扫清障碍，也是无稽之谈。征和二年（前91）正月，刘屈氂才刚从涿郡太守的位置上调到京城出任丞相。汉武帝在任命刘屈氂为丞相时，将丞相长史一分为二，说是等待贤人再任命为右丞相，实际是对他进行权力牵制。其时，刘屈氂为相未满一年，立足未稳，此时若言有废太子而立昌邑王的打算未免言之过早。

从刘据率兵攻打丞相府时刘屈氂的表现来看，刘屈氂在当时尚未有政治意图。班固描述刘屈氂在刘据起兵之初的情形：

> 其秋，戾太子为江充所谮，杀充，发兵入丞相府，屈氂挺身逃，亡其印绶。是时，上避暑在甘泉宫，丞相长史乘疾置以闻。上问："丞相何为？"对曰："丞相秘之，未敢发兵。"上怒曰："事籍籍如此，何谓秘也？丞相无周公之风矣。周公不诛管蔡乎？"乃赐丞相玺书曰："捕斩反者，自有赏罚。以牛车为橹，毋接短兵，多杀伤士众。坚闭城门，毋令反者得出。"[1]

刘据攻入丞相府时，刘屈氂起身便逃，以致印绶丢失。丞相长史立刻乘车向汉武帝禀报，并报告了刘屈氂的命令：对太子反叛这件事要秘而不宣。汉武帝认为刘据造反之事已经公开，没有必要再保密，强令刘屈氂平叛。刘屈氂这才硬着头皮督促军队与太子刘据的属下开战。

---

[1]《汉书·刘屈氂传》，中华书局，1962年，第2880页。

倘若刘屈氂此前有拥立昌邑王的打算，太子刘据攻打丞相府之事正好可以大张旗鼓地宣传，逼反太子火中取栗让其没有退路；刘屈氂会集合军队围剿太子刘据以求建功立业，赢得汉武帝的信赖，为昌邑王刘髆出任太子赢得更多的砝码。但是，从刘屈氂的表现来看，显然是没有做任何的提前准备，完全是仓促之下的反应。

在刘据自杀后的征和三年（前90），刘屈氂在送贰师将军李广利出征时，两人才商议立太子之事：

> 广利曰："愿君侯早请昌邑王为太子。如立为帝，君侯长何忧乎？"屈氂许诺。昌邑王者，贰师将军女弟李夫人子也。贰师女为屈氂子妻，故共欲立焉。是时治巫蛊狱急，内者令郭穰告丞相夫人以丞相数有谴，使巫祠社，祝诅主上，有恶言，及与贰师共祷祠，欲令昌邑王为帝。有司奏请案验，罪至大逆不道。有诏载屈氂厨车以徇，要斩东市，妻子枭首华阳街。贰师将军妻子亦收。贰师闻之，降匈奴，宗族遂灭。[1]

刘屈氂的儿媳妇是贰师将军李广利的女儿，昌邑王刘髆是李广利妹妹李夫人的儿子。李广利在临行前嘱咐亲家刘屈氂，要其支持外甥昌邑王刘髆，并且规劝如果成功将会如何如何。显然，李广利、刘屈氂二亲家此时才商定共同拥戴昌邑王为太子，并不是太子刘据在位时就有废黜的计

---

[1]《汉书·刘屈氂传》，中华书局，1962年，第2883页。

划，而是看太子位空才有这一想法。

"巫蛊之祸"后，汉武帝并未停止追查巫蛊，这是因为他的身体一天不如一天，却始终仍认为有人背后诅咒。——偏见会害死很多人的。结果内侍郭穰就禀报刘屈氂夫人在祷辞时曾诅咒过汉武帝，且刘屈氂、李广利二人图谋立昌邑王刘髆。汉武帝再次勃然大怒，下令将刘屈氂夫妇斩首、李广利夫人下狱，处死参与这次巫蛊诅咒的所有人。李广利听闻此事后，无心作战，就投降了匈奴。

汉武帝在公孙贺、刘据、刘屈氂事件上，固执而偏听偏信，而这彻底影响了西汉王朝的走势。在这过程中，汉武帝最为坚定不移的态度，就是严惩那些试图利用祷辞、巫蛊诅咒自己的人。在汉武帝看来，无论是老部下公孙贺，还是亲生女儿或是皇亲国戚，只要诅咒自己就是不共戴天的仇人，就要毫不留情地处以极刑。江充不过是用之则如虎、不用则如鼠的邪臣，所能仰仗的也只有汉武帝的权势而已。江充不遗余力去执行汉武帝的命令，将权力用到无以复加的地步，为的是自己的荣华富贵，并没有史料表明他直接参与李广利集团。因此，江充可以逼反太子，却无法让昌邑王刘髆直接受益。

可以说，"巫蛊之祸"的根源，是汉武帝晚年的法令无常，让大臣朝不保夕，难免有怨言、有牢骚。汉武帝面对自己的衰老无可奈何，怀疑所有人都在诅咒自己早点死。笃信神仙方术的汉武帝一旦有了这样的心魔，再看所有人都觉得面目可憎，心怀鬼胎。至于汉武帝大开杀戒，目的是希望自己多活几年，多掌控几年权势。可以说，汉武帝才是"巫蛊之祸"的始作俑者，所要维护的不是汉朝的长治久安，只是他自己想要的长命百岁。

南宋的洪迈曾如此评论"巫蛊之祸":

> 由心术既荒,随念招妄,男子、木人之兆,皆迷不复开,则谪
> 见于天,鬼瞰其室。祸之所被,以妻则卫皇后,以子则戾园,以兄
> 子则屈氂,以女则诸邑、阳石公主,以妇则史良娣,以孙则史皇孙。
> 骨肉之酷如此,岂复顾他人哉。且两公主实卫后所生,太子未败数月
> 前,皆已下狱诛死,则其母与兄岂有全理。固不待于江充之谮也。[1]

洪迈认为,早在征和元年(前92),汉武帝对女儿、外甥下此狠手时已
经昏聩。汉武帝刻薄寡恩,法令无常,让人无所适从。为了维持自己的
私利,汉武帝对皇后、太子、女儿都能痛下杀手,也就自然不会放过公
孙贺、刘屈氂这两位丞相。如果汉武帝没有心魔,单凭一个江充又怎能
掀起"巫蛊之祸"?又怎能让长安城暗无天日?又怎能栽赃太子以动摇
国本?

其实,"巫蛊之祸"只是汉武帝晚年为给自己消除疾病而发动的一
场宫廷内乱。至于有些史家所谓的用以翦除卫氏集团、扶植李氏集团,
不过是后世史家对权谋之术的猜测罢了。倘若汉武帝真的英明神武如此,
就不会造成汉王室几乎凋零,也不会导致霍光专权了。

---

[1]《容斋续笔·蛊之祸》,孔凡礼整理,大象出版社,2019年,第241页。

第二章　刘氏孤儿

在"巫蛊之祸"中，太子刘据一家几十口人被诛杀，只留下了一个出生仅三个月的婴儿。

这个婴儿的曾祖父是汉武帝刘彻，曾祖母是汉武帝的皇后卫子夫，祖父是太子刘据，父亲是嫡皇孙刘进，母亲是王翁须。如果不是因为汉武帝和太子刘据大打出手，这个婴儿作为天潢贵胄应该受尽万般宠爱。史书上并没有记载这个婴儿最初叫什么。当初汉武帝下令诛灭皇后卫子夫三族，卫氏一支的亲属全被处死。这个婴儿被太子宫里的人抱进死牢时不足百日，没来得及起名，也没有在宗正处登记造册，否则按律也是要被处斩的。

当然，历史若是按常理发展，一世英名的汉武帝就不会听信谣言逼反太子；死牢里的官员要是按律处置，太子一门就会片甲不留。如果真是那样的话，汉朝的历史就要重新改写，以下这段历史就不复存在。

当时，没有按常理出牌，也没有按律令处死这个婴儿的人是廷尉右监丙吉。丙吉是鲁国人，精通律令。丙吉曾担任过鲁国的狱史，后被征召入朝，担任廷尉右监。廷尉是西汉的最高司法机构，下设廷尉丞和左、右监。实际上，廷尉右监是最高司法长官的副职。后来，丙吉因受到牵连被罢官，出任州从事，也就是任州刺史的属吏。

"巫蛊之祸"发生后，汉武帝要诛灭卫氏家族，还要追查太子党羽。

刘据七岁任太子，到了征和二年（前91）时已经做了三十年的太子。作为曾经被汉武帝刻意培养的继承人，刘据的故吏遍布天下。如此，牵连的案犯一多，监狱就不够住了，法官也就不够用了。于是，有着丰富办案经验的丙吉就被借调到长安，在郡邸监参与审理巫蛊之案。

汉朝的监狱，分为诏狱和郡邸监。诏狱主要用来处理重大案件，关押审讯三公、列侯和九卿之类的高官。郡邸监，一般用来关押与案件相关的普通囚犯。丙吉所在的郡邸监，关的是与"巫蛊之祸"关系稍远的案犯。由此可以推定，丙吉所见到的这个婴儿是被太子的属下抱进了监狱，但没有与父母、亲人待在一起，这才在兵荒马乱中有了死里逃生的机会。

当时，带着这个婴儿入狱的人可能已经被处死了，否则这个婴儿不可能既没有名字，也没有身份，更没有人来照看，成了无人照应的弃婴。当这个啼哭不止的婴儿被放在丙吉的面前时，他便要进行重大的人生抉择了。

丙吉，是我们需要记住的名字，因为之后会在诸多关键处提到他。丙吉的人生信条，便是一生只做好人不做坏人，只做好事不做坏事。在中国历史上，正是因为有了这些善良的人，才使得后世能在血雨腥风的争斗中看到历史中人的脉脉温情，从而对中华传统美德充满了敬意。

丙吉凭借自己多年的办案经验，加上审理"巫蛊之祸"的直觉，意识到太子刘据是先被陷害、再被冤枉、最后被逼自杀的。在丙吉看来，这一大家子人不仅死得悲惨，而且死得窝囊，他不忍心对这个只有三个月大的婴儿下杀手。于是，丙吉决心想办法保全太子的血脉。

当然，最好的办法是暗中保护。丙吉逐一甄别郡邸监中的女犯人，终于找到两个刚生育过孩子还有奶水的女囚犯。经过仔细观察，丙吉觉得两人忠厚谨慎、和善厚道，就让她们带着婴儿搬进了一间通风、干燥的牢房，轮流喂养。在《汉书·宣帝纪》中，这两个女犯人的名字被郑重记了下来：一个是淮阳人赵征卿[①]（《汉书·丙吉传》作"郭征卿"），另一个是渭城人胡组。可以说，班固用史家的良苦用心让她们流芳千古了。

巫蛊之案连年不决，丙吉也就一直在郡邸监中审理案件。丙吉对这个婴儿的善心，随着孩子的成长不断增加。因此，丙吉一度把这个秘密有意无意地透露给监狱长，并且满怀期待地说："皇曾孙不应当被关在监狱里。"请求监狱长向京兆尹奏报，并建议把哺育皇曾孙的两位女囚一起送出去，以利于孩子成长。

当然，京兆尹不敢受理，是出于对渎职之罪的恐惧：要是承认私自留下了皇曾孙，就等于承认在诛灭卫氏家族时没有认真执行。况且，"巫蛊之祸"没有了结，谁敢把这么重要的犯人送出去？那不是给别人找麻烦，简直是给自己找死。于是，监狱长装作什么都不知道，什么也没听到，什么也没看到，请丙吉不要再说了。

丙吉只好让两位女犯人和这个婴儿继续在监狱里待着。监狱的生活条件毕竟恶劣，因此孩子在饥寒交迫中便经常得病。幸运的是，孩子多次病危都是丙吉找狱医来诊治，得以转危为安。在这个过程中，体弱多

[①]《汉书·宣帝纪》，中华书局，1962年，第235页。

病的孩子终于有了小名——"病已"，译成现在的话说就是"病快好吧"。可以想象，每一次孩子得病，满头大汗的丙吉和两个满脸焦虑的奶妈便不断念叨着"病已，病已"，叫来叫去就作为孩子的名字了。不过，真多亏这个名字的护佑，孩子才没死在病中，也没死在刀下，最终活着走出了监狱。

"病已"这个名字，一直被叫到十七岁。十七岁那年，刘病已当上了皇帝。在出生十七年后，他看自己的名字这么普通，所用的两个字又如此常见，全天下得有多少重名的？按照汉朝的避讳规定，与皇帝重名者需要改名。那么，与其麻烦全国那么多人，不如麻烦自己一个人，他将自己的名字改为"询"。其实，"刘询"这个名字，在他的一生中基本上也没什么人叫过。在十七岁之前，大家都叫他"病已"；十七岁之后，他即位为皇帝，大家就称呼他为"皇上"了。当然，这里还是尊重他本人的意见，或者说尊重历史，下面就直接称呼他为"刘询"。

转眼间，抚养刘询的两位女囚犯要刑满出狱了。看到刘询对两人依依不舍的样子，丙吉就干脆好人好事做到底：你俩就别回家了，留下来继续照顾孩子吧。按照规定，已经出狱的犯人，监狱不再供应饮食。于是，丙吉每月领到俸禄后就去买米、买肉、买生活用品，供养刘询和两个奶妈。至于丙吉的日常，他每天照例审案，有空照旧过来看望刘询。

丙吉出于恻隐之心对刘询的照料，在这五年之中已经转变成长辈对晚辈的特殊关爱。正是这种关爱，支持他暗中抚养刘询，支撑他与前来奉命处决刘询的使者抗争到底。

为什么突然又想起来要处决刘询呢？这还得说说刘询那个喜怒无常

的曾祖父汉武帝刘彻。"巫蛊之祸"发生时，几乎所有人都知道太子刘据被冤枉了，但当时汉武帝正在暴跳如雷之中，大臣们谁都不敢去规劝，大家都明哲保身地沉默着。后来，山西壶关有个管教化的小吏令狐茂实在看不下去长安城里的血雨腥风，用找死的勇气给汉武帝一纸上书。令狐茂说：

> 江充，布衣之人，闾阎之隶臣耳，陛下显而用之，衔至尊之命以迫蹙皇太子，造饰奸诈，群邪错谬，是以亲戚之路隔塞而不通。太子进则不得上见，退则困于乱臣，独冤结而亡告，不忍忿忿之心，起而杀充，恐惧逋逃，子盗父兵以救难自免耳，臣窃以为无邪心。……唯陛下宽心慰意，少察所亲，毋患太子之非，亟罢甲兵，无令太子久亡。[1]

书信奏上后，汉武帝看罢，先是被感动，再是醒悟，最后觉得后悔。但是，汉武帝还没来得及收回成命，正在逃亡中的太子刘据和两个儿子面对前来拘捕的朝廷命官而不愿受辱，就自杀于弘农郡的鼎湖了。

汉武帝彻底后悔了，下令彻查此事。经过司法机关的认真核查，汉武帝发现太子刘据完全没有谋反之心，他是被自己派去的将士逼反的。汉武帝追悔莫及，下令把挑拨自己和太子关系的苏文活活烧死，以解心头大恨。同时，汉武帝还在太子自杀的鼎湖修建"思子宫"，并在宫中

---

[1]《汉书·武五子传》，中华书局，1962年，第2744—2745页。

建"归来望思台"，以表达对太子的哀思。

其实，雄才大略的汉武帝晚年能折腾出这么大一桩冤案，不是智商问题，而是心性的问题。他的暴怒和纠结，正是出于英雄迟暮的悲哀，日渐衰老的无奈，还有种种的不甘心。

汉武帝一生极度自信，天不怕地不怕，渴望能长生不老。可现实是，汉武帝的心虽然不老，但身体已经一天不如一天地老去。汉武帝认为像自己这么优秀、这么强悍的人，上天应该让自己长寿，用来建立丰功伟绩，于是他相信世上有神仙，试图努力寻找长生之术。当然，最痛苦的是，汉武帝看着自己慢慢变老却无力阻挡。汉武帝不服输、不信邪的劲儿上来了，他觉得自己身体不舒服不是生理上有了问题，应该是有人在背后诅咒他。因此，汉武帝听到巫蛊的本能反应，就是严厉惩罚诅咒者。在汉武帝看来，若没有人捣乱，自己就可以无病无灾、长命百岁。那么，汉武帝很容易想到，最想让自己早点死去的人是谁啊？当然是已经做了三十年太子的刘据，他还等着即位呢。当汉武帝听说太子宫里发现了大量用于诅咒的木桐人时，他本能地相信这才合情合理，于是更加怒不可遏：你让我失望，那我就让你绝望。随后，汉武帝立刻下令剿灭太子全家。

然而，太子刘据已经死了，可汉武帝仍在慢慢变老。后元二年（前87），汉武帝再度病危，但他还是不相信上天会对自己如此无情而让英明神武了一生的自己年老多病，依然认为是外力的影响，于是找来望气者看看是怎么一回事。

望气，是古代根据云气的色彩、形状和变化来附会人事、预言吉凶的一种占卜方法。一般认为，皇帝身边会有一股非同一般的云气，汉人认为是天子气。天子之气不仅存在于现任天子身边，而且会随着老天子的衰老，在新天子的身边积聚起来。这种玄玄乎乎的方式，不管我们信不信，反正汉武帝是信了。

望气者说，长安的监狱中有天子之气。言外之意，一个新的天子正在那里冉冉升起，自然老天子就要日薄西山了。

此时，汉武帝已确定让小儿子刘弗陵继承皇位，他还不知道自己还有个曾孙在监狱中。但是，汉武帝一听就立刻提起了精神，认为自己还没死且自己安排的继承人还没即位，居然又有一个皇帝要成气候且来自死牢，于是要求把诏狱的犯人抄录清楚，不分轻罪、重罪一律杀掉，并派内谒者令郭穰连夜赶到东市狱对所有犯人执行死刑。

人性的光辉往往在生死关头最能体现出来。大义凛然的丙吉出于仁心，更出于责任，决定要保护刘询。于是，他命令手下关闭监狱大门，拒绝郭穰进入，而且隔着墙高喊："这个监狱里有皇曾孙。这是人命关天的事。自古以来，滥杀无辜不合天理，更何况这是皇上的亲曾孙啊！"

在汉朝，内谒者令是负责传旨的宦官，旨意却要由监狱里的长官来执行。那么，丙吉不开门，郭穰就只能在监狱门外等。这样，双方一直僵持到第二天早上，丙吉还是不开门。

郭穰没有完成任务，或者说也没有打算完成任务，毕竟他曾亲眼看到汉武帝后悔时是如何杀掉那些认真执行自己命令的人。于是，郭穰返回宫中将情况如实报告给了汉武帝。汉武帝听了汇报，猛地一下子又清醒了：是啊！用滥杀无辜来给自己治病，上天也会发怒吧！更何况太子的一个孙子居然能在屠刀之下侥幸逃生，这或许正是天意吧。此时，垂暮的汉武帝只好叹气道："这也许是上天借丙吉之口来警示我吧！"汉武帝不再追究丙吉抗旨不遵，反而宣布大赦天下。

西汉的大赦天下，就是释放那些罪不当诛的刑徒们回家。这时，刘询已经五岁了，用现在的话来说，算是"在监狱里把幼儿园上完了"，可以以一个无罪之身出狱了。至于那两位抚养刘询的奶妈，她们也各自回老家过日子去了，从此消失在历史的记载中。

"巫蛊之祸"暂告一段落。丙吉调任新职，出任车骑将军的军市令。西汉的车骑将军统率战车部队，掌京师兵卫，地位仅次于大将军、骠骑将军。军市令，主管军中马匹、车辆等军用物资的交易。丙吉调任新职之前，决心将好人好事做到底，他要给刘询找一个安置之所。

打听来打听去，丙吉终于知道刘询的直系亲属都被诛杀了，但太子刘据的岳母、史良娣的母亲贞君还健在，与史良娣的哥哥史恭一起住在长安近郊的杜县。于是，感慨万千、心念如一的丙吉就赶着牛车将刘询送到了史家。

这真是劫后余生。史恭见到了外甥的儿子，史老太太见到了曾外孙，自然喜出望外：苍天有眼，太子居然有后。史老太太非常疼爱孤苦伶仃的刘询，不顾年老体衰亲自照料。出于安全考虑，史家从不提长安监狱，更不提巫蛊之事，好让刘询没有心理障碍地开始新生活。

汉武帝临终时才知道自己还有这么一个曾孙，就下令宗正官解决皇曾孙的宗室属籍。宗正掌握皇族的名籍簿，宗正及其属官负责判别皇室成员的嫡庶身份，并依照与皇帝的血缘关系将皇室分出高低贵贱。汉武帝给刘询宗室名籍，等于承认了刘询皇室成员的身份。

恢复了身份的刘询，没有直系亲属在世，依然无家可归。若是刘询继续养在太姥姥史老太太家，则有损大汉皇室的面子，于是汉武帝便下令由掖庭出面抚养。掖庭是皇宫里级别较低的嫔妃、宫女们的居住之所，少府支付其费用。刘询被交给掖庭抚养，等于皇室担负起了他衣食住行的所需费用。

掖庭令张贺曾是太子刘据的属下。当年，太子刘据出事之后，部属全部被捕，关系近的处死，关系远的判刑。作为太子属下的张贺这下子摊上大事了，他之所以"大事能够化小，小事能够化了"，全赖他的弟弟张安世上书求情。

张贺和张安世是汉武帝时期大名鼎鼎的御史大夫张汤的儿子。张安世能够得到重用，是因为他在汉武帝面前显示过自己的超强记忆力，让喜欢奇人奇事的汉武帝印象深刻。有一次，汉武帝出巡河东，随行带的书册丢了三卷。汉武帝看得正热闹，没了下文，就问随从谁知道其中的内容。张安世居然就把这些内容一一复述了下来，大家都很惊讶：真的吗？

后来，终于找来了原书，一对照发现当初张安世的回答居然一字不差。汉武帝习惯性地佩服奇人，立刻提拔张安世为尚书令，掌管文书和奏章，后来又给他加了一个光禄大夫的身份，出入皇宫应对顾问。

对于尚书令张安世的求情，汉武帝自然接受，遂将张贺改判为宫刑。宫刑是将犯人阉割后收入宫中做宦官，使其成为汉武帝的私人奴仆。张贺就这样入宫做了掖庭令，主管宫廷的日常事务。

刘询的到来一下子勾起了张贺对太子刘据的思念，他把太子当年对自己的恩情全部回报在了刘询身上：在生活上仔细照料，无微不至；在学业上认真督促，还请东海郡澓中翁来教刘询读《诗经》。

刘询总算熬过了人生最为苦难的一段日子，开始过上一个正常人的生活。刘询平时住在繁华的尚冠里，有时也到杜县的史家走走亲戚。有了皇族的身份后，他像其他宗室成员一样有时到皇宫朝请，多次随行祭拜祖先陵墓，算是过上平凡而正常的生活。他周游三辅，广交朋友，既参与过斗鸡赛马，济人所难；也在野地里受人欺凌，伤心欲绝。作为一个生活在民间的皇族青年，别人不把他当回事，他自己也不把自己当回事，既高兴过，也悲伤过：对乡里间的坏人坏事有着切肤之痛，发过牢骚；对官吏的政绩得失了如指掌，也有过思考。

转眼之间，刘询到了十六岁。张贺之所以帮助刘询，主要有两点：一是因为自己曾是太子刘据的属下，太子冤枉死了，只留下这一个血脉，自然应当全力照顾，不仅是为了报恩，更是为了良心。二是张贺的确是个好人，儿子又去世得早，因此他打心眼里喜欢刘询，把刘询当成自己的孩子抚养，并越看越顺眼。

据《汉书》记载，刘询奇人有异相，身上和脚下生长着毛，卧居时屡屡发出光芒，有诸多如有天地眷顾的奇异禀赋。例如，他去购买饼食，卖主不知不觉就多卖给他，此后生意却格外好。在凡事要讲究个征兆的汉朝，这可是好兆头。张贺自始至终就认为刘询不是凡人，应该是神人。有一次，张贺就跟弟弟张安世说起刘询有才智、有神通。张安世一听，立即摆手制止："打住，不要再说了！少主在位，咱们还是谨慎些，不应称赞皇曾孙。"

元凤四年（前77），当张贺意识到应该给刘询找个媳妇时，首先想到自己的孙女与刘询年岁相当，要是能成得是多好的一对啊！于是，张贺兴冲冲地找弟弟张安世商量，但张安世立刻泼了一盆冷水，坚决不同意。

为什么？这时汉昭帝刘弗陵已即位十年，刚举行完加冠礼，十八岁成年了。辅政的大将军霍光已经提拔一向作风踏踏实实、工作认认真真的张安世担任右将军，以副手身份协助其处理政事。这时候再提一个过时、过气的皇曾孙，不仅不着调，简直就是没谱。张安世听到张贺称赞刘询，又要把自家的孙女嫁给他，立刻怒气冲冲道："皇曾孙是太子的后代，大难不死而有幸能以平民身份被朝廷供养已经足够了，还能怎么样呢？不应再提把孙女嫁给他的事了！"

理由很简单，虽然刘询有皇室血统，但有皇室血统的人太多了，更何况他还是犯了重罪的太子刘据之后，并在皇族里无亲无故。在讲究出身的汉代，即使又高又帅，但没地位又有什么用呢？有什么前途可言呢？况且，眼下汉昭帝年富力强，好日子还长着呢，怎么轮也轮不到刘询有什么大富大贵吧？于是，张安世想都没想就拒绝了张贺的提议。

经张安世这么一说，张贺虽然不 定觉得很有道理，但还是听从了：一是弟弟张安世位高权重、见多识广，思考问题自然周全谨慎，不必再坚持。二是张贺只有一个儿子，还死得早。张安世已经把小儿子张彭祖过继给张贺做养子，将来完全可以为其养老送终，而眼下张彭祖正跟着刘询一起读书。因此，在张贺看来，既然自己的性命是弟弟保下来的，儿子也是弟弟过继给自己的，他没有理由、也没有资本坚持己见，于是就顺从了弟弟张安世的意见。

张贺把自己孙女的事放下了，但给刘询找媳妇儿的事却没放下。张贺想来想去，想到了老朋友、暴室啬夫许广汉。暴室是宫廷里织作染练的地方，工人多是犯了过错的后妃和宫女，被罚在这里做工。实际上，暴室是皇宫里劳动教养的场所，啬夫是负责管理这些工人、评价其劳动情况的宦官。

许广汉做宦官也是半路出家，他原是昌邑王刘髆手下的一个郎官。有一次，许广汉作为随从入朝长安，正赶上汉武帝要出巡甘泉宫，诸侯王的随从跟着汉武帝的仪仗前行。许广汉从没见过这么大的场面，收拾装备时一紧张就把别人的马鞍放到了自己的马上，但最后别人在他的马上找到自己的马鞍时，他居然说不清是怎么回事。因此，大家都觉得应该是这么回事：许广汉明目张胆地偷了别人的东西。在汉朝，从驾而盗是死罪，你许广汉居然敢在皇帝面前偷东西，不仅胆子忒大，而且命也忒长了。于是，许广汉被罢了官，也被处了宫刑，最终入宫做了宦官。

当然，糊涂的人不会因为自己受罚就立刻变聪明。许广汉入宫后继续糊涂，也继续倒霉。元凤元年（前80），张安世的上司左将军上官桀谋反失败，让许广汉去上官桀处理公务的地方搜查罪证。当时，上官桀处理公务的地方储存着数千条几尺长的绳子，满满地装在一个封好的筐子中。那么，一个朝廷高官存这么多捆人的绳子干什么？不会是为了政变时好逮捕同僚吧？在别人看来，这可是谋反的罪证啊！

但是，可怜的许广汉进屋搜查了半天，愣是没有发现这些东西，而其他人进去后一眼就看到了这些绳子。关键时候掉链子，许广汉的职务被一撸到底，先罚作劳役，后进入掖庭暴室担任啬夫。如此，要不是许广汉是半路的宦官，他哪来的女儿啊？要不是这么个糊涂人，怎么会立刻同意把女儿嫁给刘询呢？

许广汉的女儿叫许平君，这时十四五岁，本来已经许配给内谒令欧阳家做儿媳妇，正准备出嫁时欧阳家的儿子却死了。张贺听说后，觉得这简直就是天意啊——这么巧，于是他马上摆下酒席宴请许广汉。

酒过三巡，张贺就开始提亲："皇曾孙和皇上是近亲，纵使他才能低劣，按照咱大汉的习惯将来或许能封个关内侯啥的。你把女儿许给他，也算是一门好亲事啊。"许广汉也是个实在人，心想自己这么普通的出身，好歹和皇室能结亲也算是沾了光啊，当即就痛快地答应了。

许广汉回家跟夫人一说，许夫人却很生气。在没过门的女婿死后，许夫人也不知道是福是祸，就替女儿算了一卦；而算卦的人居然说福祸相倚，女儿会大富大贵，因此她心中正暗自高兴呢。现在，没想到居然要把女儿许给一个没落的王孙、罪臣之后，她的火一下子就上来了：那个刘询连饭都吃不上，还让掖庭养着呢。女儿跟了他，哪来的大富大贵啊？

许夫人坚决不同意也不行，因为许广汉已经答应上司了，他宁肯得罪夫人，也不愿得罪上司。许广汉是坚持也好，糊涂也罢，最终做主将女儿嫁给了刘询。这件事情给了我们一个启示：潜力股在被发现之前，大多数人都认为那是垃圾股。就这样，许广汉简单朴实地把女儿嫁给了一个有未来的人，也注定自己的女儿许平君要面对宫廷无尽的血雨腥风。

元凤六年（前75），张贺以监护人的身份，出聘礼帮助刘询迎娶了许平君。娶了许平君，自幼流落在监狱、宫廷和街头的刘询从此算是有了温暖的家。刘询寄居掖庭时曾与岳父许广汉住在一个院子，现在他们变成了一家人，更加其乐融融。后来，小夫妻俩在少陵原盖了房子，算是安了家。第二年，他们的儿子刘奭就出生了，完全就是"老婆孩子热炕头"的样子，按照童话的说法就是"他们从此就要过上幸福的生活了"。

但现实是，他们不仅没有过上幸福安稳的生活，反而从此走向了血雨腥风。也就是说，历史并没有放过这苦尽甘来的小两口。

第三章　霍光专权

　　霍光是骠骑将军霍去病的弟弟，他们的父亲叫霍仲孺，河东郡平阳县人。当年，霍仲孺以县吏身份"借调"到平阳侯曹寿家干过一段时间，而曹寿的夫人正是汉武帝的姐姐阳信公主（平阳公主）。在这期间，霍仲孺与阳信公主的一个侍女卫少儿私通。霍仲孺完成"借调"后，就回家结婚生子了，其中一个孩子叫霍光。

　　那时，交通不便，通信也不便。霍仲孺离开卫少儿后，两人就断了联系，因此他不知道卫少儿已经怀孕，而且为他生了个儿子并取名霍去病。这样，霍光与霍去病实际是同父异母的兄弟。

　　卫少儿不怎么出名，但她有个妹妹叫卫子夫却名闻天下。卫子夫嫁给了汉武帝刘彻，并做了皇后。如此一算，霍去病的姨妈是卫子夫，姨父是汉武帝，也是标准的皇亲国戚。后来，汉武帝重用小舅子卫青、外甥霍去病征伐匈奴，连续大捷。但是，功成名就的霍去病一直没见过生父。

　　有一次，霍去病又要出兵匈奴，路过河东时受到平阳侯曹寿的热情接待。霍去病说到自己身世，他这才知道生身父亲是谁。于是，霍去病便请霍仲孺前来相认。父子俩先客气一番，后激动一阵，再感动了很久，最后含着热泪相认了。霍去病帮父亲霍仲孺置办了田地、房宅，买了奴婢，极尽孝心。等胜利回师经过河东时，霍去病就把弟弟霍光带到了长安。

这时，霍光才十几岁，因为汉武帝喜欢霍去病，也自然就喜欢霍去病的同父异母兄弟。汉武帝任霍光为郎官，作为自己的随从，跑跑腿，做点事。经过锻炼之后，汉武帝正式任命霍光为侍中，继续在身边当差。霍去病去世后，汉武帝封霍光为奉车都尉、光禄大夫，出行随驾前后，回宫侍奉左右，成为汉武帝的贴身侍从。

霍光出入宫禁二十多年，小心谨慎，从未有过差错。他性格沉静，思虑周到，每次出入宫廷、上下殿门时止步、前进、拐弯都有固定的规矩。有闲情的郎官暗中观察默记，发现霍光进出的步子毫厘不差，怪不得汉武帝那么放心、那么赏识。

用现在的眼光来看，霍光是一个做人有规有矩、做事有板有眼的好侍从。"巫蛊之祸"发生之后，汉武帝灭了卫氏家族，霍光却没有受到任何牵连，足见汉武帝对他的信任。征和二年（前91），汉武帝打算把皇位传给八岁的幼子刘弗陵。为防止外戚干政，汉武帝杀了刘弗陵的生母钩弋夫人，并让画师画了一张周公背着成王接受诸侯朝贺的画赐给霍光。

这是有深意的。当年，周武王临终时，儿子周成王才十三岁，周武王就委托弟弟周公姬旦来辅佐。据说周公背负成王，执掌朝政，朝见诸侯。七年后，周成王满二十岁，周公把朝政交还给了周成王。汉武帝以周公为榜样勉励霍光，意在要他兢兢业业辅佐幼主。

后元二年（前87），汉武帝病危时，霍光流泪问道："如果皇上有不测，那当由谁来继位？"汉武帝说："难道你还没明白上次送给你画的意思吗？立少子为帝，你要依照周公辅佐成王那样行事。"霍光急忙叩头谦让："我比不上金日磾。"金日磾急忙推辞："我是外国人，不如霍光。"

金日磾是匈奴休屠王的太子。元狩二年（前121），骠骑将军霍去病出兵攻打匈奴，大获全胜。休屠王被杀，年仅十四岁的儿子金日磾沦为官奴被押往长安，在黄门署养马。

有一次，汉武帝酒足饭饱，下令阅马助兴。随后，一个体型魁伟、容貌威严、目不斜视的马倌，牵着膘肥体壮的骏马从殿上走过。然后，汉武帝被马倌英俊威武的样子惊呆了：这英俊的小伙是谁啊？

当汉武帝得知金日磾为休屠王之子后，立刻下令升任他为马监。金日磾做事小心谨慎，从不越轨行事，不该看的东西不看，不该说的话不说，不该要的东西不要。汉武帝赐给他宫女，他不过分亲近，这叫严以律己；汉武帝想纳他女儿为嫔妃，他婉言谢绝，这叫诚笃谨慎。好奇人奇事的汉武帝遇到这种人，更加觉得他与众不同，只能日渐敬重，不断给他加官。就这样，金日磾由驸马都尉、光禄大夫，一直升到车骑将军。可惜的是，金日磾在汉武帝驾崩的第二年就去世了，没有完成汉武帝的重托。

汉武帝临终时一共任命了四位辅政大臣：除了大司马大将军霍光、车骑将军金日磾，还有左将军上官桀、御史大夫桑弘羊。

上官桀，陇西上邽人。上官桀膂力过人，最初被汉武帝任命为未央厩令，曾负责未央宫养马之事。有一次，汉武帝下令去视察御马，突然身体不舒服，就养了一段时间病。在这段时间，上官桀可能觉得汉武帝不会有机会来看他那些亲爱的马了，就没再好好养马。没想到汉武帝痊愈后，立刻去视察马厩，发现骏马又瘦又弱，顿时大发雷霆："厩令是不是觉得我再也看不到这些马了？"下令将上官桀逮捕，看看他有什么话可说。

没想到，上官桀说出了一段话居然让汉武帝感动了，他说："臣闻圣体不安，日夜忧惧，意诚不在马。"[1]上官桀说这话时，估计是声音哽咽，两行热泪流下的样子。从这个细节，可以看出上官桀的为人：随机应变，很聪明；很会说话，口才好；该流泪时就会流泪，演技不错。至于上官桀是不是真忧心汉武帝的身体，只有他自己知道。关键是，他让汉武帝知道了自己忧虑得连马都养瘦了；更关键的是，他还让汉武帝相信了自己的忧虑是真的。在这一瞬间，并不单纯的汉武帝想得很单纯，不仅没有怪罪，反而任命上官桀为侍中，让他继续负责养马，逐渐升到太仆一职。

桑弘羊，出生于洛阳富商之家，天生就是做生意的料。十三岁时，桑弘羊就表现出超常的计算能力，别人借助工具还没算清账目时他就心算出结果来了。这个名气越传越远，最终传到了汉武帝的耳朵里。正在为国库资金花销发愁的汉武帝立刻征召桑弘羊入宫，出任侍中，主管内务。由于汉武帝连年对匈奴用兵，朝廷府库早已财用不足。桑弘羊掌管全国的租税财政，推行盐、铁、酒的专卖制度，帮汉武帝补上了财政的大窟窿。桑弘羊后来出任过大农丞，兼任过大农令，精打细算也好，敲骨吸髓也好，他力所能及地给汉武帝的好大喜功、穷兵黩武提供着财力

---

①《汉书·外戚传》，中华书局，1962年，第3957页。

支持。

这几个人都是汉武帝生前最信赖、最倚重的人，因此被汉武帝任命为辅政大臣。

后元二年（前87），年仅八岁的刘弗陵即位，是为汉昭帝。刘弗陵是名义上的皇帝，其实无论大小事件均由大臣们全权处理。霍光是托孤大臣的领袖，不仅要保证刘弗陵健康成长，还要兼任处理朝廷日常政事的尚书。霍光不是皇帝胜似皇帝，日理万机，尤其是要保证国家不出大事。霍光知道汉武帝其余的儿子们对先皇让一个小毛孩即位，心不服，口也不服，还准备"动手动脚"。

其中，最蠢蠢欲动的是燕王刘旦。

刘旦是汉武帝和李姬的儿子，有才辩，懂方略，精通经书杂说，兴趣很广，门下宾客无数。当年"巫蛊之祸"发生后，刘旦见太子刘据被杀，自己又是在世的兄弟中最年长的，觉得应该轮到自己做太子，于是请求带兵去长安保护皇上。没想到，刘旦的心思被汉武帝一眼看穿：这不是带兵来抢夺皇位吗？随后，汉武帝立刻将刘旦派来的使者关进监狱，给了刘旦一个小警告。不料，刘旦不思悔改，反倒招募亡命之徒摩拳擦掌、跃跃欲试。这让汉武帝既生气又厌恶，直接削减了刘旦封地中的三个县，改为严重警告。

汉武帝去世后，霍光按照常例向各封国、藩王发布了告哀诏书。刘旦看到后，按理应该悲哀哭泣，可他却面无表情地说："信件的尺寸这么小，不像是诏书。京师恐怕已经发生了变故。"他派寿西长、孙纵之、王孺等前去长安，借口请示举哀的仪式，暗中探听消息。

这些人很快回来报告：汉武帝确实驾崩了，少主刘弗陵也已经即位了。刘旦却不肯承认新皇帝，说自己没有看到遗诏，岂能轻易相信？他再派使者到长安上书，要求全国立武帝庙。霍光一看，心想：立不立庙要由皇帝和朝廷来决定，一个诸侯王来议论此事，不是不应该，而是在僭越啊。

霍光看出了刘旦有异志，考虑到正在举行汉武帝的葬礼，就抱着息事宁人的态度对刘旦进行安抚。于是，赏赐三十万钱，增加封户一万三千家，以作为对刘旦提议的回应。没想到，刘旦却冷笑道："本来应该当皇帝的人是我，用不着谁对我赏赐！"言外之意，天下是他刘旦的，犯不着让朝廷假惺惺地送人情。这样，谋逆之心一起，刘旦就控制不住自己了：他联络了附近中山王的儿子刘长、齐王的孙子刘泽，密谋造反。

他们商定了这么一个计划：第一步，由刘泽撰写文书，指控少主刘弗陵不是汉武帝亲生儿子，是被心怀叵测的大臣们拥立上去的，呼吁天下共同起兵讨伐。第二步，将檄文遍传各郡、各封国，使民心动摇。第三步，由刘泽在山东临淄发动兵变，击杀青州刺史隽不疑，向中原进军。

商定完造反计划之后，刘旦将临时招募的地痞流氓组织起来，发给他们铜铁，让他们来制造武器；又动员民众以打猎的方式演习训练作战技能，举行大规模阅兵活动，向朝廷摆出一副磨刀霍霍的样子。

就在此时，消息泄露。青州刺史隽不疑先发制人，逮捕了刘泽。一审查，祸首是刘旦。霍光为稳定局势，看在刘旦是少主刘弗陵兄长的分儿上予以赦免，只是诛杀了刘泽。但刘旦"不到黄河心不死"，毫不气馁，再接再厉，继续准备谋反。为了提高成功率，刘旦直接联络了左将军上官桀、御史大夫桑弘羊。

金日磾去世之后，朝廷大权就集中在大将军霍光、左将军上官桀和御史大夫桑弘羊三人手中。在这三人之中，霍光与上官桀按理说是关系最亲密的：霍光的女儿嫁给了上官桀的儿子上官安，二人实际是儿女亲家。最初，他们配合默契，霍光休假离朝时，上官桀便代替霍光裁决政事。可不久，霍光、上官桀二人的矛盾就凸显出来了。霍光的女儿生了个女儿，是霍光的外孙女，也是上官桀的孙女。然而，这原本是两家联姻的结晶，也是两人战斗友谊的象征，但没想到的是这没有让他俩的友谊加深，反倒让"友谊的小船说翻就翻"。

始元四年（前83），刘弗陵十二岁。上官安设计了一个宏伟的计划：让六岁的女儿入宫做皇后。在上官安看来，于公，这件事需要大司马大将军霍光批准；于私，霍光应该能批准，因为这个女儿是霍光的外孙女。如此一来，霍光不就做了汉昭帝刘弗陵的岳祖父了嘛。

没想到的是，霍光认为外孙女年纪还小，没有同意。这很出乎上官安的预料：让霍光的外孙女当皇后，霍光居然会拒绝？在上官安看来，霍光拒绝的不是这件事，而是他这个人。上官安看此路不通，那就再找别的路。

上官安想到了长公主。这位长公主是燕王刘旦的姐姐，也是汉武帝和李姬所生，因嫁给盖侯为妻，史书上又称为盖长公主。霍光看汉昭帝刘弗陵年幼，饮食起居都需人照料，而长公主作为姐姐又寡居在家，便请她入宫照料汉昭帝。

于是，上官安想尽一切办法接近长公主。"功夫不负有心人"，上官安打听到一个重要情报：长公主和自己属下一个叫作丁外人的人有私情，更重要的是自己与丁外人关系还不错。"可怜天下父母心"，上官安就屈尊找到自己的属下，让他帮助安排自己的女儿："我女儿容貌端正，若能得到长公主的帮助入宫为皇后，我与父亲在朝为官就有皇后作为依靠啦。如果这事能办成，我们奏请皇上将长公主嫁给你。按照汉朝惯例，公主要嫁给列侯，您娶了长公主，又何愁不能封侯呢！"丁外人能得到长公主的垂爱靠的是外表，两人若能名正言顺修成正果，还真需要有人保媒。于是，丁外人分外高兴，将此事告诉了长公主，长公主也觉得这个主意妙得很。

汉朝讲究孝道，太后和长公主虽然在制度上没有被赋予明确的行政特权，但在处理家事时却有着举足轻重的发言权。当年，汉武帝就是因为赢得长公主的支持，才被立为太子。汉昭帝刘弗陵的母亲钩弋夫人已死，长公主以帝姊的身份照顾皇帝、管理后宫，实际上是以汉昭帝姐姐的身份做太后的事。

此时，长公主照顾汉昭帝已经四年了，汉昭帝也习惯了听从姐姐的意见。长公主提出建议后，汉昭帝就将上官安的女儿召入宫中，先封为婕妤，一个月后便立为上官皇后。这样，父以女贵，上官安也因此先被封为骑都尉，又晋封为桑乐侯，迁车骑将军。

这事没有通过霍光居然也办成了，而且办得还更简单，自然让上官安非常高兴。班固在《汉书》中说上官安受赐殿中，出来后就对宾客们夸耀："与我婿饮，大乐！"①可以想象出上官安表现出的快乐而兴奋的样子。这样，上官桀父子非常感激长公主，那就想办法兑现自己的诺言，即要给丁外人谋一个侯爵的身份。于是，他们联合长公主的亲弟弟、燕王刘旦提出建议，要求封赐丁外人为侯。结果，请求上奏后，霍光毫不犹豫地拒绝了。

霍光的拒绝，是坚持原则。当年，金日磾去世时，有两个儿子金赏、金渐，从小跟汉昭帝在一起玩，同卧同起。按照子承父爵的习惯，金赏承袭父爵，得佩两绶。但金渐什么都没有，汉昭帝便打算给金渐也封个侯一起玩，特地找霍光商量："金氏兄弟只有两人，再封一个侯岂不更好？"霍光回答："金赏继承父亲的爵位为侯，所以佩有两绶；其他的孩子，没有功劳就不能封侯。"汉昭帝笑道："加侯封赏之类的事，不就是我和你一句话的事吗？"霍光正色道："先帝有约，无功不得封侯！"

汉昭帝看霍光一本正经的样子，就不再提此事了。

对于霍光的公事公办，上官父子觉得很没面子，遂退而求其次，希望封丁外人为光禄大夫。这样，丁外人就有受到皇帝召见的资格。没想到，霍光也不同意，居然还严肃地指出丁外人没有任何功劳，不得随意封官。霍光的断然拒绝，立刻让上官父子更感到脸上无光，而且长公主也开始埋怨霍光。

正巧，上官桀的岳父有个属下叫充国，做太医监，无故闯入宫殿之中被守卫拿下。老岳父找到上官桀求情，上官桀不得已又厚着脸皮来求

①《汉书·外戚传》，中华书局，1962年，第3959页。

霍光开恩。霍光仍然是不给面子，反而批准了廷尉的审讯，将之判为死刑，秋后处斩。上官桀没办法，又去找长公主，最后还是长公主出面替他缴纳马二十匹赎罪，让其得以免死。

这样一来，上官父子就更加感激长公主：自己求人家帮忙办的事，人家都一一办妥了；自己给人家办的事，却一件也没办成。为什么没办成？这不都是因为自己的亲家霍光在推诿吗？于是，上官父子二人对霍光开始由抱怨转为恼怒了。

汉武帝在世时，上官桀任太仆，而霍光任奉车都尉，在内廷管理皇帝的车马，按理说上官桀原来的地位要比霍光高。现在呢，上官桀任左将军，上官安任车骑将军，而霍光却做了大司马大将军，成了两人的上级。霍光大权在握，凡事非找他批准不行。于是，上官桀父子心里更加愤愤不平，决心夺权。

要夺权，自然先要找到同盟。

上官桀思来想去，想到了两个人：一个是燕王刘旦。刘旦此前因为自己不能继承帝位，意欲造反，但被霍光按住了。现在，刘旦满腹怨愤，正在找地方爆发呢。另一个是御史大夫桑弘羊。桑弘羊掌管财政四十多年来，一直兢兢业业为朝廷筹措资金，用司马迁的话来说，"一岁之中，太仓、甘泉仓满。边余谷诸物均输帛五百万匹。民不益赋而天下用饶"。[1] 有了资金支持，汉武帝才能持续用兵，桑弘羊没有功劳也有苦劳。

没想到的是，当他们正准备将霍光一军时，霍光却于始元五年（前

---

① 《史记·平准书》，中华书局，1962年，第1441页。

82）开始着手调整经济政策，而首当其冲的便是对桑弘羊一直推行的盐铁专卖制度召开"听证会"。

始元六年（前81），霍光让各郡国举荐贤良、文学，到长安讨论国事，以此了解民间疾苦。丞相田千秋、御史大夫桑弘羊作为一方，因为他们坚持盐、铁、酒类的专卖制度，主张富国优先。各郡国推荐的八位贤良和五十多位文学作为另一方，他们认为朝廷不能与百姓争利，应以富民为先。就这样，双方进行了中国有史以来第一次关于财经政策的大辩论。辩论的结果，自然是按照霍光的意图发展。在辩论会上，满腹经纶、饱读诗书、言辞犀利、逻辑清晰的贤良文学们，对桑弘羊的政策进行了全面批判。这次讨论的记录保存在《盐铁论》中，可以看出桑弘羊和霍光在政见上有了根本分歧。不过，这还算公事，桑弘羊和霍光两人还不至于闹翻脸。

后来，桑弘羊想给弟弟寻求个职位，但上奏后被霍光以汉昭帝的名义给否决了。桑弘羊顿时想明白了：看来霍光不是因为政策才抵触自己，而是因为自己才抵触政策。当桑弘羊气得正想杀人时，上官桀父子刚好递上了刀子。

元凤元年（前80）八月，长公主、上官桀、上官安、桑弘羊、刘旦，秘密结成了一个"反霍大联盟"。上次大难不死的刘旦，认为自己必有后福，行动最积极。刘旦先后派出十几位密使，携带着大量金银财宝，用最快的速度前往京城，分别赠送给长公主、上官父子、桑弘羊等人，作为他们的活动经费。

上官桀便让人以燕王刘旦的名义向汉昭帝上书控告霍光，列出了三项罪名：

一是僭越礼制，有谋逆造反之心。奏疏中说，霍光到长安郊外检阅宫廷禁卫军、羽林卫士时沿途戒严，像皇帝出巡一样；又禁止行人走路，叫御厨房打前站准备饮食，采用天子仪仗。

二是大权独揽，有营私舞弊之实。奏疏中又说，苏武出使匈奴汗国二十年，誓不投降，不过只封了个典属国之职；大将军长史杨敞，毫无功勋，却升任搜粟都尉。这是霍光在刻意培植个人势力。

三是暗中准备，有随时篡权之意。奏疏中还说，霍光擅自把各军校尉调到大将军府，以增加大将军府的校尉人数，这样大规模集中校尉显然是在准备谋反活动。

在奏疏最后，以刘旦的口气表示了忠心：

> 光专权自恣，疑有非常。臣旦愿归符玺，入宿卫，察奸臣变。[1]

上官桀打算利用霍光出宫休假、自己当值时把奏疏呈送给汉昭帝，预期的是只要汉昭帝把奏疏交给自己查办，他就立刻通知御史大夫桑弘羊，让其与诸大臣一起逼迫霍光辞职。

可是，万万没想到，奏疏呈送给汉昭帝后，汉昭帝却把奏疏留在自己的案头，并不交代查办。

第二天一早，霍光入朝，听说有人参自己造反，便停在殿前西阁

---

[1]《汉书·霍光金日磾传》，中华书局，1962年，第2935页。

中，不敢进正殿。汉昭帝下令召见，霍光进殿之后，立刻脱下官帽，叩头请求定罪。

汉昭帝说："将军，请把官帽戴上，这奏疏明明是假的，你有什么罪？"随后，汉昭帝讲了一段著名的话：

> 将军之广明，都郎属耳。调校尉以来未能十日，燕王何以得知之？且将军为非，不须校尉。[1]

汉昭帝认为，霍光在长安东门外检阅禁卫军不足十天，燕王所居之地与长安距离九百公里，有太行山、黄河阻隔，来回需要十几天，他怎么可能这么快就把奏折送来？更何况大将军是最高军事统帅，若想发动政变，还用得着临时调集校尉指挥官？这时，汉昭帝才十四岁，有这样的反应和判断，使得身边左右高官无不震惊、佩服。

汉昭帝明辨是非的故事，成为史家津津乐道的明君独断的案例，如在《资治通鉴》中被大书特书，以提醒后世的皇帝们多长几个心眼，不要像"巫蛊之祸"中的汉武帝那样被蒙蔽了。

当时，汉昭帝立刻命人去查谁送的奏折。结果，那个呈递奏折的人逃亡了。汉昭帝下令紧急追捕，一定要查个水落石出。上官桀心虚，赶忙劝解说：这是一件小事，用不着劳动圣心。汉昭帝说：这件事不同寻常，一定有背景。当然，有上官桀、桑弘羊的暗中保护，那个送奏折的

---

[1]《汉书·霍光金日磾传》，中华书局，1962年，第2936页。

人当然追查不到，而上官桀也暂时躲过一难。

有了这个教训，上官桀便留了个心眼，要抓住霍光的真把柄才上奏；汉昭帝也留了一个心眼，只要听谁说起霍光的不是，立刻发怒说："大将军是忠臣，是先帝选拔来辅佐我的，谁要是再诋毁，要严肃处理。"

上书是没用了，上官桀、长公主等人觉得不能用合法形式扳倒霍光，决心采取激烈手段。他们商量出一个新的计划："由长公主摆下酒席请霍光赴宴，就在帐下伏兵把霍光格杀，然后罢黜昭帝，迎立刘旦即位。"刘旦一听，当然完全同意。刘旦郑重承诺自己即位之后封上官桀为王，命令自己在各郡各封国招募的豪杰千余人武装起来随时待命。

当刘旦把他的计划告诉封国的丞相，丞相立刻劝阻说："大王，您从前跟刘泽合谋，事情还没有成功，消息已经走漏了，就是因为刘泽性情浮夸，不切实际。据我了解，上官桀这人，做事一向粗枝大叶。上官安也是纨绔子弟，骄傲狂乱，都不是能成大事的人。这次恐怕又像刘泽那次那样，归于失败。这件事即便成功，恐怕到时候他们又会对您下手。"刘旦不相信上官父子真敢这么干，就下令手下做好准备，随时兵发长安。

然而，上官父子还真是这么想的。他们的如意算盘是：先以刘旦的名义号召天下，借刘旦进京控制局势；再把刘旦除掉，然后罢黜汉昭帝，拥护上官桀即位。真是"人有多大胆，就能想多远"！上官安把自己精心设计的计策跟心腹一说，心腹们就问："您把皇帝除了，皇后怎么办？"这就提醒上官安，皇后可是您女儿啊。于是，上官安说了一段有名的话：

　　逐麋之狗，当顾菟邪！且用皇后为尊，一旦人主意有所移，虽欲为家人亦不可得，此百世之一时也。[①]

　　为了当皇帝，这对父子连自己的孙女、女儿都可以不要。如此看来，上官安不只阴险，而且残忍。

　　当上官一家上下精心准备的时候，消息却泄露了。泄露消息的是长公主家的一个随从，他父亲是稻田使者燕仓，听说了这项阴谋后立即报告给了自己的上司、大司农杨敞。

　　杨敞一听，这么大的事，你为什么要告诉我？我身体有病，也管不了啊。更何况正要搬家到别的地方休养，这件事也顾不上报告呢。燕仓一看大司农杨敞在装糊涂，只好报告给了谏大夫杜延年。

　　杜延年立刻报告给了大将军霍光。事不宜迟，霍光调动军队，先发制人，控制了局势。

　　九月一日，汉昭帝正式下诏，命令丞相田千秋立刻逮捕上官桀、上官安、桑弘羊、丁外人等，并将他们全部灭族。长公主一看事已至此，不愿受到审讯侮辱，遂自杀而死。燕王刘旦得到消息，召唤燕国丞相平说："长安那边已经失败，我还要不要动员军队？"燕国丞相平说："上官桀已经处死，人民已经知道造反的事，你发兵也没人响应，动员也是白搭。"刘旦一听，便知道自己该何去何从了。于是，刘旦立刻恢复了一贯的豪爽作风，摆下酒筵叫来歌妓，跟属下、大臣、王妃、姬妾一一

　　———————————————

　　[①]《汉书·外戚传》，中华书局，1962年，第3959页。

诀别。刘旦边喝边唱：

> 归空城兮，狗不吠，鸡不鸣，
>
> 横术何广广兮，固知国中之无人！

王妃华容夫人也起舞唱道：

> 发纷纷兮寘渠，骨籍籍兮亡居。
>
> 母求死子兮，妻求死夫。
>
> 裴回两渠间兮，君子独安居！ [①]

刘旦在人生最后时刻的情歌对唱，感染了酒筵上所有的人。大家一起痛哭流涕，作生死诀别。这两首歌诗也成了汉乐府的名篇。

就在刘旦跟属下诀别时，霍光对燕王封国的大臣、百姓发了赦免令，表明只追究主谋者，其余人一概不问。随后，以汉昭帝名义所发的诏书也到了，其中很不客气地指责刘旦：你的所作所为不是刘家子孙应该做的，死后有何面目去见高祖皇帝刘邦呢？言外之意很明显，既然你对不起列祖列宗，那你就别到天上见祖先了，干脆认罪服输下地狱吧！

刘旦捧着诏书，把印信交给身边监刑的官员，拜谢了王国里的高

[①]《汉书·武五子传》，中华书局，1962年，第2757页。

官，总结了自己一生致命的缺点："奉事不谨，死矣。"①然后，刘旦用象征王爵的绶带上吊自杀，他的夫人、姬妾跟着自杀的有二十余人。

这就是汉昭帝时期著名的"燕王之乱"。最终，上官桀一家只留下了九岁的孙女上官皇后，其余全部被诛杀。上官皇后没有被废，表面的理由是她没有参与政变，更关键的是她是霍光的外孙女。上官皇后在自己父母被杀之后，只能听命于外公霍光了。

桑弘羊死了，霍光任命王䜣担任御史大夫、光禄勋张安世任右将军，做自己的副手。那个紧要关头掌握情报上报的谏大夫杜延年，立刻升任太仆，兼尚书右曹、给事中。

在随后发生的大逮捕中，桑弘羊的儿子桑迁逃走，投靠了他父亲的老部属侯史吴。不久，桑迁被捕杀。侯史吴总觉得是自己做了错事，恰逢朝廷颁布大赦令，便主动自首想就此洗清自己的罪责。会审燕王谋反案的廷尉王平、少府徐仁认为，桑弘羊参与谋反，桑迁并没参与，只是被牵连且已经被捕杀，因此侯史吴藏匿的不过是个普通逃犯，依照"赦天下"诏令宣判其无罪。

后来，御史们审查此案，却提出了不同的看法：桑迁饱读经书，知道父亲桑弘羊谋反，不规劝阻止，还跟着起哄，这是同情谋反。侯史吴曾当过三百石的官，知法犯法，藏匿逃犯，怎么能跟平民藏匿普通逃犯相提并论呢？如此推断，侯史吴就不符合大赦的条件。于是，御史们奏请再次审理此案，并弹劾廷尉王平、少府徐仁包庇要犯。

---

① 《汉书·武五子传》，中华书局，1962年，第2759页。

这样一扣帽子，问题就严重了，因为少府徐仁是丞相田千秋的女婿。"打狗看主人"，查徐仁就相当于查田千秋。田千秋敏锐地感觉到这件事不同寻常，遂竭力为侯史吴辩护。对田千秋而言，保护侯史吴，就是保护自己。

怎么保护自己呢？于是，丞相田千秋也学霍光组织召开一个"听证会"。田千秋在未央宫北门公车门，召集朝廷太尉、司空等高官和经学博士，举行了一次"扩大会议"来讨论侯史吴是不是犯法，试图通过司法解释来认定侯史吴无罪。

参加会议的人都知道霍光下令重查此案的目的，就是将矛头对准了丞相田千秋。于是，大家一致指控侯史吴罪大恶极，应该严惩。田千秋见自己无法挽救危局，只好把讨论结果奏报上去。没想到，霍光反应极为激烈，他指出：田千秋擅自召开朝廷会议，故意造成文官跟武官对抗，这是别有用心。随即，霍光立刻下令逮捕廷尉王平、少府徐仁。

大家一看，都知道这次大将军霍光又要收拾丞相了。看来，田千秋是难逃此劫了。

关键时刻，太仆杜延年上书给霍光说：

　　丞相久故，及先帝用事，非有大故，不可弃也。间者民颇言狱深，吏为峻诋，今丞相所议，又狱事也，如是以及丞相，恐不合众心。群下谨哗，庶人私议，流言四布，延年窃重将军失此名

于天下也！^①

　　杜延年在关键时候的这些话是为了维护霍光的利益，客观上却保护了田千秋。杜延年在燕王刘旦谋反案中的及时报告使得霍光免受灭顶之灾，因此霍光相信杜延年的忠诚，也就接受了杜延年的建议。

　　霍光不再追查丞相田千秋，但廷尉王平、少府徐仁玩弄律条，罪不可赦，押入监狱。两个月后，少府徐仁在狱中自杀；到了秋天，廷尉王平被腰斩。

　　客观来说，田千秋是个老实人，因此班固在《汉书》中说他"谨厚有重德"^②。田千秋原本是高祖刘邦陵寝的守护官，他在"巫蛊之祸"发生后劝汉武帝别再追究太子刘据的过失。汉武帝找到台阶从巫蛊之案中走出来后，就提拔田千秋为大鸿胪。后来，田千秋升为丞相，封为富民侯。汉昭帝即位后，田千秋一直担任丞相一职。每逢公卿朝会，霍光就对田千秋说："始与君侯俱受先帝遗诏，今光治内，君侯治外，宜有以教督，使光毋负天下。"田千秋也回答说："唯将军留意，即天下幸甚。"^③田千秋抱着"少提意见威信高"的观念，从来不多议论朝政，大小事务皆让霍光决策，因而霍光也对田千秋很客气。

　　这时，田千秋担任丞相已经十一年之久，由于年老体弱上朝几乎走不动，要坐小车来，有些人就戏称他为"车丞相"。史书上有时也称田

---

①《汉书·杜周传》，中华书局，1962年，第2663页。
②《汉书·车千秋传》，中华书局，1962年，第2886页。
③同上。

千秋为"车千秋"，他的后代就以"车"为姓。

经过这次交锋，原本不说话的田千秋更加一言不发了，政事全部交给霍光处理，两人心照不宣，和平相处。半年后，田千秋病逝，由前面提到的燕王之乱时托病躲避的大司农杨敞接任丞相。

霍光除掉了左将军上官桀、车骑将军上官安、御史大夫桑弘羊，压住了丞相田千秋，就彻底控制了朝廷。如果说霍光此前专权还有些顾忌的话，从此之后朝廷上下都是自己的人，他可以踏踏实实地辅佐自己的外孙女婿汉昭帝刘弗陵轰轰烈烈地大干一场了。

等霍光把自己的权力彻底巩固，没想到二十一岁的汉昭帝刘弗陵居然英年早逝了，而且身后连个子嗣都没有。皇帝死了不用着急，但着急的是没有太子来即位。

第四章　盐铁会议

汉昭帝刘弗陵八岁即位，二十一岁去世。在位的十三年，其间最为史家津津乐道的是召开了盐铁会议。司马光说："以孝昭之明，十四而知上官桀之诈，固可以亲政矣。"[1]班固则认为这十三年基本都是霍光在控制朝政：

> 大矣哉！承孝武奢侈余敝师旅之后，海内虚耗，户口减半，光知时务之要，轻徭薄赋，与民休息。至始元、元凤之间，匈奴和亲，百姓充实。举贤良文学，问民所疾苦，议盐铁而罢榷酤，尊号曰"昭"，不亦宜乎！[2]

班固认为不是汉昭帝刘弗陵主持召开了盐铁会议，而是辅政的霍光主持召开的，目的是反思汉武帝时期的政策能否延续。其实，明眼人一看就知道：如何延续汉武帝的政策，哪用得着开什么会来讨论，萧规曹随就可以了。实际上，既然讨论，就是要为政策调整寻找依据。

要调整这些政策，就只能用民意这张招牌来挡箭了。

---

① 《资治通鉴·汉纪十七》，中华书局，1956年，第821页。

② 《汉书·昭帝纪》，中华书局，1962年，第233页。

主张坚持执行汉武帝政策的是御史大夫桑弘羊和他手下的那些御史们。霍光觉得自己与桑弘羊及其属官辩论，彼此不过是你争我吵的双方，于是寻找到了一批贤良、文学来组成辩方，系统地批评桑弘羊及御史们的政策，而他自己就可以成为一个裁决者。

贤良，是汉武帝、汉昭帝让地方推举的道德模范。汉武帝在位期间多次征召贤良，地方官员会在辖区内考察和推举有品德、有才能的人，按照一定的标准和名额推荐给中央。这些被推举者大多是在地方上有声望的人。

文学，一是太学中的博士弟子，通一经者被朝廷任用的底层官吏；二是地方上有学问的人，被郡守聘为从事。文学也有一些通经的学者，在民间讲学授徒，被推举出来作为文学。例如，董仲舒以研究《春秋》闻名，被地方推举为贤良文学之后，在与汉武帝的对策中提出了"天人三策"等，由此知名。

贤良文学是各地推举而来的，代表郡县的声音，客观上也反映了基层的看法。其中，大家最大的意见就是桑弘羊的盐铁专卖政策，虽然加强了朝廷的实力，却使得地方财政捉襟见肘。

辩论的一方是御史大夫桑弘羊及御史们，另一方正是朝廷新推举上来的贤良文学。其中，比较知名的有鲁万生、周霸、桓宽、王吉、夏侯胜等人，他们主张重农抑商、与民休息，全面批评了桑弘羊推行的盐铁专卖政策。

之所以叫盐铁会议，是因为盐和铁是秦汉时期主要的经济来源。这次会议，表面讨论盐和铁的专卖，实际是讨论大宗物资和生活必需品对国家经济和政策的影响。其实，盐铁会议是对汉代以前中国经济活动的系统总结。

在早期中国，经济活动在汉代盐铁会议讨论之前就已经很多。那时候虽然没有太多文字记载，但还是积累了很多经验，因此需要彻底对其经济实践进行讨论。也就是说，围绕盐铁专卖政策，这次会议系统讨论的实际是国家治理的策略：

一是盐铁专卖。为增加朝廷财政收入，国家对盐和铁进行垄断经营。这起源于春秋时期齐国管仲的"官山海"政策，实际就是对盐和铁实行国家专卖。对于盐这种物资，富有不会多吃，贫穷也不会少吃，但都不得不吃。铁，可以制造百姓的生产工具，而百姓要生产就不得不用。控制了盐、铁这两种物资，国家就可以获得稳定的税源。在汉武帝时期，为了获得出兵匈奴的经费支持，汉武帝采纳了桑弘羊的建议，在全国实行盐铁专卖。具体做法是，在中央设立大农丞，在地方设置盐官和铁官，负责盐铁的生产、运输和销售。

二是"榷酒酤"。国家对酒也实行专卖，从中直接取税。这样，政府控制了民间消费，就能实现"民稍加赋而国益饶"，保证国家有稳定的税收。

三是"置均输"。国家设置机构负责运输，由国家调配盐、铁、酒等物资。这些商品由国家统一定价，保证它们既不会暴涨，也不会暴跌。桑弘羊在京师专门设委府，各个郡国都建立均输系统，把天下各地交来的货在这里销售。"均输"实行贱买贵卖，调节物价。国家在市场或重要的物资集散地会设置仓库，平时储存货物，以备不时之需。

四是统一货币。汉初的诸侯国可以自行铸钱，谁有铜矿，谁就可以去铸钱。桑弘羊主张"故统一，则民不二也"①，国家要统一发行货币，这样诸侯就没有铸币的权力，以维持国家的大一统。

汉武帝即位后，为了削弱诸侯们的实力，采用了"众建诸侯而少其力"的方式削藩②，鼓励诸侯把家产平均分给所有的儿子们。以前诸侯把家业让长子或者继承人继承，大宗依然坐大，可以与中央抗衡，以致"一家害百家，百家害诸侯，诸侯害天下"③；现在却让诸侯把家产平分给每个儿子，由于诸侯有很多孩子，再大的家业分到三代就没多少了。在桑弘羊看来，"王者不畜聚，下藏于民，远浮利，务民之义；义礼立，则民化上"④，中央政府直接管理，百姓就会富足。

桑弘羊主张国家要大一统，国家直接管理百姓。国家界定各种职业，百姓要么经商，要么种地，要么进入体制内任官吏。每一个人都干正事，国家就能长治久安，就能形成良俗。国家坚持"崇利而简义，高力而尚功"⑤，而利是增值、义是责任，就能少发一点议论，多做一点实事。在桑弘羊看来，人说起来容易，做起来很难，因而桑弘羊反对坐而论道，主张起而行之。

其实，早期中国逐渐形成了两套理论，一套是儒家的坐而论道，另

①《盐铁论校注·错币》，王利器校注，中华书局，1962年，第57页。

②《汉书·贾谊传》，中华书局，1962年，第2237页。

③《盐铁论校注·禁耕》，王利器校注，中华书局，1962年，第67页。

④ 同上书，第68页。

⑤《盐铁论校注·非鞅》，王利器校注，中华书局，1962年，第94页。

一套是法家的起而行之。儒家学者大部分是坐而论道，谈起来头头是道，却实践不了。桑弘羊极其反对坐而论道的人，在他看来"禄不过秉握者，不足以言治，家不满檐石者，不足以计事"[①]。意思是，连自己都养活不了的人，不足以去做事、论事、论人。换言之，家里揭不开锅的，没有多余的粮食，他们也没有经济能力和脑力去谈国家治理，不用与他们商量大事。在桑弘羊看来，能够让家里富足的人，才有能力治理国家。那些都无法使自己富足的人，用他们来治理国家，只会让国家变得越来越穷。因此，只有能够让家庭富足的人，才能把国家治理好。

桑弘羊主张重用贤人，认为贤人是能够把自己的事干明白的，而儒家说的贤人只能把自己做好，也就是把自己何去何从想明白。但是，想明白和干明白的底层逻辑是不同的，而社会需要有人去想，也需要有人去干。桑弘羊认为，"善为人者，能自为者也，善治人者，能自治者也"[②]。管理别人，首先要管好自己，把自己家治理得家产丰厚，再去管理别人，就可以带领更多人成功。

法家更多主张用能干的人，儒家更多主张用孝顺的人，而社会发展既需要道德，也需要有能力。如果只用道德去衡量一个人的话，社会容易形成伪善的风气；而如果只用能力去形容一个人，社会容易形成实用的风气。一个社会要想健全发展，需要道德与能力并重。

这样，早期中国实际形成了两套理论：一套是教做人的，一套是教

---

①《盐铁论校注·地广》，王利器校注，中华书局，1962年，第209页。
②《盐铁论校注·贫富》，王利器校注，中华书局，1962年，第220页。

做事的。教做人的，大家成为朋友、同学、同事，常用道德评价人。教做事的，不需要从道德上评价人，而是从利益上去评价人。在熟人社会，习惯用道德去评价人；而在陌生人社会中，人与人是合作关系，因而更多是用事来评价人。

桑弘羊在辩论中批评了儒生的迂腐，认为有的儒生虽然读了很多书，却不一定懂得道理，"饰虚言以乱实，道古以害今"[①]。换言之，一说起古代头头是道，提到时事一脸茫然。桑弘羊认为一定要把经义活学活用，最重要的是要洞明时事，理解发展要干什么、怎么干。

因此，桑弘羊和御史们是从国富的角度讨论盐铁政策，而参与盐铁辩论的贤良文学则从民富的角度来讨论，二者的观点大相径庭。

贤良文学的观点主要是民富论。民富论强调公平，国富论强调效率。在条件固定的情况下，国家要想实现富足，就需要直接把民间的各种资源组织利用起来，因此桑弘羊主张的国富论是对民间财富采用控制的方式积聚起来。贤良文学主张的民富论，则强调国家应该把有限的资源留在民间，藏富于民。

在当时的盐铁辩论中，贤良文学强调的民富论，实际是代表基层和郡县发言。对郡县来说，如果把财富留在民间，就容易在郡县形成一个广大的消费市场；如果把大量的财富集中于中央，地方就没有财源、财税可供支配。汉武帝、汉昭帝时的贤良文学都是由地方推举上来的，他们既代表普通的老百姓，同时也代表郡县的态度。

---

①《盐铁论校注·遵道》，王利器校注，中华书局，1962年，第291页。

这就注定《盐铁论》不仅反映普通老百姓与国家之间的利益平衡，也反映了朝廷与地方政府之间的利益平衡。那么，贤良文学的主张是什么呢？

一是均贫富求安定。均贫富是从春秋以来形成的认知。孔子曾经说："有国有家者，不患寡而患不均，不患贫而患不安。"[①]言外之意，国家不担心缺少财富而担心不平均。这实际是孔子均平思想的体现。也就是说，如果有财富就要能够让大家共同分配，治理国家要担心的是贫富差距太大。在财富一定的情况下，国家有人过于富裕，自然就有人过于贫穷，因此国家治理就是要把蛋糕分匀。

在贤良文学看来，国家有千里沃野，老百姓却不能衣食自足，常常是因为流通过度。流通过度指的是大家不从事生产而过多从事商业贸易，这就导致了两端消费的畸形。老百姓要么从事生产，要么重视消费，生产端价格上不去，消费端的价格又过高，这中间的问题就是商业发展过度。因此，贤良文学反对本业荒废，反对大家都不去从事农业。在农业社会，尽管有沃野千里和山海之货，但大家都不去耕地，不去生产，不追求民用，而去创造那些大家不需要的产品和服务去巧取豪夺，就会引导老百姓不从事生产。

贤良文学要求国家采取相应政策，能够让老百姓各使其力、各尽其能地生活，而国家在中间通过政策调控富足的人和贫穷的人，保证每个人都能满足日常生活。

---

①《论语集注·季氏》，载《四书章句集注》，中华书局，1983年，第170页。

二是以农为本。在农业社会，最根本的是把土地种好。贤良文学认为老百姓只要有衣食，就能够实现国富民安。国富是国家富足，民安是百姓安定。相对于法家只强调国富，儒家更多强调国富的目的是民安。国富和民富中间有一个平衡点，国家通过合理的组织来实现国家富足，老百姓有了收益才能生活安定。贤良文学认为老百姓不去务农，大家都去追求那些繁华的、浮华的与生活不息息相关的事情，以致财货不足，而财货不足百姓就很窘迫。社会风气好奢，贫富不均，以致有些人饥寒交迫。在人类的发展过程中，一定时期一定区域的财富是固定的，贫富差距过大，财富就集聚在了少数人手里，一部分人就很穷困，国家就缺少了稳定发展的基础。

贤良文学主张市场上不要去流通那些无用之物，如在烧的柴火上雕刻，雕完以后把柴火烧掉。这样的雕刻花费了无穷的人力物力，看似有需求，实际没有任何意义。贤良文学批判"均输"的目的是为国家牟利，让老百姓使用的器物成为商品，这看起来好像降低了老百姓的消费，但恰恰是增加了老百姓的消费，因为在市场上流通的商品中有些是无用之物。

三是自给自足。当时的贤良文学推崇小农经济模式，而小农经济实际上是自给自足，人人都要耕种。人们根据自己的需要生产出产品，国家自然而然地发展，社会不需要过多的交换。贤良文学认为当时的社会已经在引导大家放弃农业生产，去追求那些华而不实的技巧。大家纷纷弃农经商，最后导致粮食不够吃，因为有限的人力和物力不能应用于生产而只能应用于消费，应用于服务。贤良文学主张大家各尽其能，自发形成社会秩序，让老百姓安居。郡县根据户口供应老百姓常用的铁器，不要把盐、铁价格定得过高，老百姓就能少花钱。国家应该允许盐、铁等物资自由流通，让老百姓能够享受到生产所带来的快乐。

四是教化为本。国家要平均分给老百姓以土地，老百姓都从事耕种、从事生产，国家就不会有困乏的居民，然后国家教化老百姓，引导他们努力耕作，国家就能够富足。教化要以礼义为本，礼义就是礼的精神、礼的原则和礼的规定。国家要想长治久安，就要未雨绸缪，居安思危。官吏能够想到更远的事情，想到更远的追求，不应该满足于口腹之欲。如果大家都能够不奢华、不铺张、不浪费，那么普通的老百姓就能吃饱，都能够按照礼义来做事。

贤良文学认为让老百姓能够富足后，官员要用仁爱之心对待他们，按照礼义的精神去考量每一件事，真正做到与天下共同的好恶。在此基础上重视教化，使用那些有能力的人让他们去创造财富，使用有能力的人让他们去努力工作。

总之，贤良文学主张要做到藏富于民，让老百姓能够生活得更好，教化老百姓遵守规矩、遵守规则，按照文明的要求去生产生活，这样大家不会囤积居奇，各自安其居、乐其俗、甘其食、便其器，形成自给自足的小农经济。

因此，盐铁辩论的民富论，是贤良文学站在普通老百姓的角度来看社会如何运行，充分阐释了儒家的理想和实现理想的方式。这是儒家学说与法家学说的一次面对面的交锋，法家追求的是现世，儒家追求的是治世。在盐铁辩论上，儒家学说在法家的现实面前似乎不堪一击，但是儒家学说的理想性保证了它能够超越现实而成为理想主义的追求。

从盐铁会议看出，桑弘羊能够把世界看得很透彻，理解国家如何富足；贤良文学沉浸在自己的理想中，解释国家怎么实现民富。理解国富跟民富之间的关系，就知道如何实现国富和民富之间的平衡，这是这次盐铁辩论的学术意义。

西汉用六个月讨论盐铁政策，主要讨论民富和国富如何平衡。这些政策在盐铁会议上被反复讨论，其中涉及中国经济史上的根本问题。讨论的双方都心平气和，因此讨论结果也是理性的。

盐铁会议中的观点，看似双方在辩论，实际各取所长就能理解古代中国的经济逻辑，后来的历次变法也是以此为逻辑展开的。如果把编纂而成的《盐铁论》与中国经济史、经济思想史、财政史、工商业史结合起来观察，就能理解这次盐铁会议对中华文化的塑造和对中国历史的推动。

这场辩论的结果是，贤良文学所持的儒家理想精神战胜了以御史桑弘羊为代表的御史们的法家观念，开始成长为西汉的主流学说。儒家表现的是社会的理想，法家面对的是社会的底线。在健康的社会发展中，既要有理想精神，也要面对现实。在理想和现实之间的广大区域，实际就是"霸王道杂之"。因此，当盐铁辩论之后，大家其实已经明晰了国家该何去何从。此后，汉宣帝刘询所说的汉家制度，实际上是在国富和民富之间要寻求微妙的平衡，体现在国家治理的学说中就是"霸王道杂之"。

因此，盐铁会议系统反思了桑弘羊的观点，采用矫枉过正的策略，一度废除了盐铁专卖，但不久又恢复了这项政策。在汉宣帝刘询时期，曾参与盐铁辩论的桓宽系统整理了《盐铁论》，展现了当时对国富论和民富论的系统思考。桑弘羊主张的国富论，讨论的是国家如何富足；而贤良文学坚持的民富论，是讨论百姓该如何富足。因此，汉宣帝刘询想明白了国家如何富足才能正确地在时代中取舍，在国富和民富中左右逢源，顾盼自如。于是，汉宣帝刘询采用大赦、免税等政策来调节，形成了西汉难得的"昭宣中兴"，并在实践中建立了汉家制度。

第五章　废立刘贺

汉昭帝刘弗陵身体一直不好，责任在他自己，他从小没有学会好好保养身体；但汉昭帝没有儿子，责任却在霍光。始元四年（前83），汉昭帝十二岁时娶了六岁的上官氏做皇后。当二十一岁的汉昭帝刘弗陵去世时，上官皇后才十五岁。按照正常的女性发育规律，上官皇后没有生育是正常的。

汉昭帝与其他后妃也没有孩子，是因为霍光管得太严——上官皇后是霍光的外孙女。按照母凭子贵的惯例，霍光为了保住上官氏的皇后之位，就说刘昭帝身体不好要养病，其余妃子一律不能到皇帝处理政事和休息的地方去，"禁内后宫皆不得进"[①]。为了防止汉昭帝意外有孩子，霍光创造出了一条极富想象力的规定：凡接近皇帝的宫女必须穿上缒裆裤，还要在外面束上许多衣带。这样一来，皇帝看了也没有欲望，万一有欲望也因为宽衣解带太麻烦，就懒得去动手动脚了。

结果，等上官皇后刚刚发育好时，汉昭帝刘弗陵病入膏肓撒手而去，没有留下任何子嗣。

按照西汉惯例，汉昭帝没有儿子，那就要从汉武帝的其他子孙中选出继承者。汉武帝共有六个儿子：与卫皇后生的太子刘据，与王夫人生

---

①《汉书·五行志》，中华书局，1962年，第1335页。

的齐王刘闳，与李夫人生的昌邑王刘髆，还有与李姬生的燕王刘旦、广陵王刘胥，与钩弋夫人生的汉昭帝。此时，这些人大都不在世了，而唯一还在世的只剩下广陵王刘胥。

当霍光召集群臣开会商议继任皇帝人选时，大家自然想到了广陵王刘胥。刘胥是汉武帝唯一在世的儿子，年龄最长，资历最老，血统最正，轮也轮到了。

问题是，汉武帝生前就不喜欢刘胥，不仅妇孺皆知，而且开会的群臣都知道刘胥就是个典型的花花公子。刘胥喜欢倡优，爱好歌舞，没事就去游玩闲逛，最喜欢刺激的运动。有一次，刘胥为了显示自己力大如牛、武功高强，空手斗熊。可惜武艺不精，刘胥没把熊制服，却被熊爪击伤胸部，几乎死掉。这种鲁莽的行为让汉武帝很生气，他专门下了一道诏书，告诫刘胥要保持谦虚谨慎、不骄不躁的作风，规规矩矩地不要生事，老老实实地不要惹事，恭恭敬敬地安守本分。

汉武帝晚年，宁肯立八岁的刘弗陵也不立刘胥，是因为他压根儿就看不上任意妄为的刘胥。作为汉武帝的近臣，霍光自然很清楚这一点。可是，此一时彼一时，当年汉武帝还有其他的儿子可挑，现在汉昭帝没有儿子，而汉武帝的儿子也只剩下刘胥了。

霍光犯难了：如果按照群臣的意见立刘胥为皇帝，那岂不辜负了汉武帝的托孤之重？如果不立刘胥，自己如何说服其他大臣呢？

关键的时候，有个郎官上书提出了自己的建议，他说自古皇帝传位以贤不以长，当年周的先祖古公亶父贬逐长子太伯而指定了太伯的弟弟季历为继承人，周文王舍弃长子伯邑考而立其弟弟姬发即位为武王，只要适合当君王，即便废长立幼，不仅理论可行，而且实践证明这种做法也是正确的。所以，不立刘胥为皇帝，符合历史传统。

正找不到理由拒绝立刘胥的霍光，可算找到了理论依据和历史经验，立刻把这封上书转给丞相杨敞等人传阅，并提拔这个在关键时候拿出历史经验作为证据的郎官为九江太守。

这样一来，大家就可以在汉武帝孙辈中选择皇位继承人。此时，汉武帝孙辈中唯一有王爵的是昌邑王刘贺。刘贺的父亲是老昌邑王刘髆，在汉武帝后元元年（前88）就已经去世。按照辈分，刘贺是汉昭帝的侄子。

霍光否定了刘胥即位，大家自然就同意刘贺即位。于是，朝廷就以上官皇后的名义发布了诏书，宣布昌邑王刘贺即位，并派遣主管皇家事务的少府史乐成、主管皇族事务的宗正刘德、主管爵位的光禄大夫丙吉、主管警卫的中郎将利汉，组成盛大的迎接团队去迎刘贺。

西汉的诸侯王在都城长安设有办事的机构，供诸侯王入京朝觐时居住。这些人组成迎接新皇帝的队伍，带领车队到昌邑国在长安的办事机构恭候昌邑王刘贺。

刘贺，这位"前不见古人，后不见来者"的顽主就这样在历史上粉墨登场了。

刘贺的祖母是李夫人，父亲是老昌邑王刘髆。在刘贺五岁时，父亲刘髆去世，年纪轻轻的刘贺继承王位，这样在王国里自然没人敢约束，便养成了为所欲为的习惯。刘贺最喜欢的事是骑马驾车狂奔，换成现在的话就是"喜欢飙车"。

刘贺驾车狂奔能到什么程度呢？一是常态化驾车狂奔。《汉书》记载汉武帝驾崩后，刘贺依规定应该守丧志哀，可是他却照常驾车、打猎两不误。二是驾车狂奔的能力强。刘贺能在不到半天时间，就驾车狂奔二百里。当时，负责昌邑国守备的中尉王吉实在看不下去，就苦口婆心地规劝刘贺：驾车这件事冒严寒、犯热暑，又要喊又要站，简直是自己找罪受，不如多读书提升自己的修养好多积些福。在当今所封之王中，唯有您跟皇上（指汉昭帝刘弗陵）的血缘最近，虽不是皇上的儿子，辈分上却跟儿子一样。言外之意，刘贺就是汉武帝孙子中唯一的王，要认认真真地修养、兢兢业业地做事，前途无量啊。

王吉上书之后，刘贺一读，觉得说得很好。于是，刘贺立刻召见王吉："王中尉，你是一片忠心啊，屡屡教导我走上正轨，我很感动。赏赐你牛肉五百斤、酒五石、干肉五包，以示感谢。"然后，刘贺继续驾车、打猎，该干什么还干什么。

负责王宫管理的郎中令龚遂也是忠厚刚毅之人，他也总找机会劝刘贺，指出他的过失，跟他一起分析祸福，说到激动处、感动处自己都潸然泪下。可是，刘贺却很不耐烦，一听到龚遂说话就立刻捂住耳朵跑开，一边跑一边说："你怎么专门喜欢揭人伤疤呢！"

有一次，刘贺又跟他喜欢的侍从、奴仆、伙夫聚在一起大吃大喝，寻欢作乐。龚遂为了劝刘贺竟然屈身下跪，用双膝走到刘贺面前痛哭流涕地劝告，感动得左右侍从也都流下了眼泪。

刘贺说："你哭什么呀？"

龚遂说："您这样下去，封国就要完了。您给我一个机会，让我单独向您报告。"

刘贺遂命左右侍从全部退出。

龚遂说："大王啊，您可知道咱们附近的胶西王刘印怎么亡国吗？"

刘贺说："我不知道。"

龚遂说："据我了解，刘印重用的大臣叫侯得，是一位马屁精。刘印的暴行，连桀、纣都比不了，侯得却能够把他粉饰得比尧、舜还高尚。侯得的谄媚阿谀，让刘印很舒服。他对侯得言听计从，混到最后的下场是王自杀、国被除。您身边大多是摇着尾巴谄媚之人，他们会引导您走上邪路。这关系着昌邑国的国运啊，您千万要慎重！我恳请您多找一些通晓儒家经典、行为端正之士伴您读书，照顾起居，这样会让您行动合乎礼节。"

刘贺一听："说得对啊！"

随后，龚遂立刻遴选了郎官张安等十人来侍奉刘贺。可几天之后，刘贺受不了读书学习的枯燥，觉得礼节太约束人。于是，刘贺把张安等人全都赶走，又把酒肉之徒重新召回来继续作乐。

后来，龚遂继续劝，刘贺也继续听，但听后继续不改。用现在的话来说，态度很好，认真接受，坚决不改。

汉昭帝驾崩后，上官皇后征召刘贺到长安主持汉昭帝葬礼的诏书到了昌邑国。诏书抵达时，正值初夜，刘贺让属下燃起火烛在火烛下拆封，毕竟主持葬礼意味着要继承皇位啊。"天上掉下个皇帝帽"，这可是天大的喜事！当晚，昌邑王宫一片欢腾，火树银花。

第二天中午，刘贺一醒，就下令立刻出发上长安当皇帝。

按照班固的描述，当天傍晚，刘贺的车队就抵达了定陶，半天就驾马车奔驰了一百三十五里，算下来每小时奔驰四五十里。然而，车队里其他侍从的马匹却没能赶上，而刘贺车队的马匹则相继累死，以致沿途全是马匹的尸体。

郎中令龚遂好不容易追上了刘贺，劝他不要带那么多人去长安，毕竟汉昭帝还没下葬，这是去奔丧不是去庆功。刘贺拗不过龚遂，才让跟随着的狐朋狗友五十多人回转昌邑国。

王吉为了让刘贺顺利即位，给他写了一份"备忘录"劝他随身带着。在这个很像"即位攻略"的备忘录里，列出了这么几条：第一，叔父逝世，您应该日夜哭泣，深表悲哀，千万不可随意发号施令。第二，大司马大将军霍光智勇双全，天下无人不知；他侍奉汉武帝二十余年，没有任何过失。汉昭帝没有儿子，大司马决定迎立您，您应该时时依靠他、处处尊敬他。第三，大王高坐皇帝位，垂听大司马大将军霍光的禀告就够了，不要去做决定。

刘贺一看，照样觉得"说得好"，然后扔到一边置若罔闻。

刘贺到了济阳，听手下人说当地有长鸣鸡，立刻有了兴致。据宋朝范成大考证，长鸣鸡产自南诏，终日啼鸣，跟普通鸡只在早上啼鸣不同。长鸣鸡十分宝贵，一只鸡值银一两，刘贺命令手下寻找。又听说当地著名的土特产是积竹杖，就是用竹子做的手杖，工艺独特，刘贺也下令购买。路过弘农郡时，刘贺又让亲信搜罗美女藏在行李车上，一路载歌载舞。到了湖县时，这些活蹦乱跳的美女被朝廷派来迎驾的使节发现，他们立刻责备昌邑国丞相安乐，询问是怎么回事。

　　安乐一看，这事确实做得过分了，遂转告郎中令龚遂。龚遂去问刘贺，刘贺对天发誓说："没有这回事！我不知道这回事！谁干的？"龚遂说："既然您不知道这回事，那我就好办了。"于是，龚遂下令把有关人员拿下，立即处死。

　　折腾了一路的刘贺，终于到了霸上。大鸿胪亲自到郊外迎接刘贺，给他换乘皇帝的御用车辆，昌邑国郎中令龚遂陪同入城。

　　长安城东城北面第一门是宣平门，其外郭称东都门，东都门外是广明亭，到了这里就算是到了长安城。龚遂说："按照汉制奔丧而来，您看见首都便要哭泣。现在我们已到了长安城外，您就要开始哭泣了。"刘贺却说："我的喉咙痛，哭不出来。"

　　到了城门口，龚遂再次提醒刘贺。刘贺又说："城门跟郭门还不是一样？等到了未央宫东门我再哭。"龚遂说："咱们昌邑国的丧帐，设在宫门外驰道之北，丧帐前有一条南北小路，只需要走几步。大王您最好下车步行，面向西方，伏拜在地，痛哭流涕，以表达对昭帝逝世的悲哀。"刘贺说："这个我办得到，你看着。"刘贺这才下车，走进昌邑国为昭帝设立的灵篷之前，方才哭拜行礼。

　　新的皇位继承人刘贺到了长安，汉昭帝的丧礼得以庄严、隆重地举行。元平元年（前74）六月一日，刘贺接受皇帝玉玺登基即位，尊十五岁的汉昭帝皇后上官氏为皇太后。六月七日，汉昭帝安葬于平陵。

　　刘贺当上了皇帝后，行为更加荒唐。道理很简单，这位从小就没怕过的"顽主"，不知道什么叫作规矩，更不知自省，用现在的话说是"很傻很天真"的典型。在刘贺看来，王吉、龚遂说的那些话自己没听，不仅没亡国，而且自己还当上了皇帝，这不充分证明他们的话不过是胡扯嘛。

这么一想，刘贺更加随心所欲，"没有最荒唐，只有更荒唐"。刘贺先是下诏把原先在昌邑国陪自己一起玩的狐朋狗友征调到长安，并一个个升了职。昌邑国丞相安乐被任命为长乐卫尉，统领上官皇太后居住的长乐宫宿卫部队，控制了皇太后的住所。龚遂一看，这事做得太急了，用意也太明显了。于是，龚遂见到安乐说："先帝刚去世，还在守丧期间，皇上却每天跟左右亲信喝酒作乐，到御花园斗虎斗豹欢天喜地，没事就坐着皇帝祭祀时用的仪仗车东奔西跑、胡作非为，这怎么行？"

刘贺本来就喜欢驾车，做了皇帝后对天子仪仗中没见过的车有了天然的好奇，便一个个地驾着玩。龚遂觉得这样折腾下去，总有一天刘贺会把自己折腾进去，他向刘贺递上辞呈以求避祸，但没有被批准。龚遂又想装疯远祸，但怕被人笑话，万般无奈之下便直接规劝刘贺悠着点，别太过分了。

刘贺依然保持着一贯作风，微笑着听龚遂讲完，但自己该怎么干还怎么干。

老部下龚遂苦言劝谏，刘贺不听；新部下太仆丞张敞也上书规劝，刘贺照样不听。刘贺依然保持着一贯作风，微笑着听他们讲完，但自己依然该怎么干还怎么干。结果，刘贺惹恼了霍光。

霍光很痛心，选定的皇位继承人原来这么不靠谱，自己该怎么办？当然，霍光知道，自古当上皇帝不容易，拿下皇帝更不容易。于是，霍光就秘密询问自己的铁杆亲信，曾做过大将军府长史、现任大司农的田延年："你说说，我们该怎么办？"

田延年说："大将军，您是国家的梁柱磐石，如果您认为他不可以，为什么不奏报皇太后更立贤能？"

霍光说："这样做，有没有先例啊？"

班固在《汉书》中评价霍光"不学亡术"[1]，只能算说对了一半。"不学"是对的，霍光确实没有读过几本书，但伊尹废太甲之类的历史故事他不可能不知道。实际上，霍光来问田延年，正是借田延年之口说出自己想说的话。

在霍光看来，废皇帝的话不能自己提出来，那是对不起汉武帝的在天之灵，对不起群臣的信任，更显得自己识人不准。田延年以诛锄豪强起家，果然喜欢直来直去："商王朝时，伊尹当宰相，曾罢黜太甲，保护国家的安全；后世歌颂伊尹的忠心。将军如果愿意效法，便是汉朝的伊尹。"

霍光一听，认为这个提议真是太好了，表示"我经过慎重考虑，决定完全同意"。于是，霍光立刻给了田延年一个给事中的身份，让他参与此事的运作。

汉朝分为外朝和内朝。外朝是丞相、御史大夫、廷尉三公和列卿组成的行政班子，协助皇帝管理全国行政事务。皇帝身边还有一批人，作为皇帝的文书、参谋、侍从，主要帮助皇帝出主意、想办法、办杂事，有时也代表皇帝的意见跟外朝官员辩论，这些人一起组成内朝直接对皇

---

①《汉书·霍光金日磾传》，中华书局，1962年，第2967页。

帝负责。汉武帝时，经常直接任命内朝官去干预行政，如霍光以大司马大将军的身份决策，便是内朝官领外朝事。大司农田延年本是大将军霍光的长史，后来外派为河东太守，又入朝做了大司农。因此，内朝与外朝的官员可以互动。

给事中是一种身份的象征，标志着被允许进入内朝直接面见皇帝。这样，田延年就可以随时入宫汇报，霍光便委托他与车骑将军张安世一起商量如何执行这一决策。就在霍光、张安世、田延年正在商讨如何废掉刘贺时，却发现有人似乎知道了他们的计划。

这天，刘贺又要出宫玩，光禄大夫夏侯胜却拦阻仪仗车队，理直气壮地说：“天气久阴而不下雨，是臣下犯上之象。肯定有大臣正在密谋，这情形对您不利。陛下出宫，这是要到哪里去？”

刘贺一听很生气，不是生气夏侯胜在胡说八道，而是生气他在用胡说八道阻止自己出去玩。这还得了，刘贺下令以妖言惑众罪逮捕夏侯胜，交给北军监狱法办，而北军监狱立刻把这事报告给霍光。霍光一听，心想这事这么快就走漏了风声，形势非同小可。于是，霍光立刻命令严加看管夏侯胜，不得让任何人接近。

霍光想来想去，只有张安世可能泄露机密，便诘问张安世。张安世一听也很震惊：“这件事我谁也没说啊。您要不相信我，那咱就去问问夏侯胜是怎么知道的。”

夏侯胜的回答是：“书上写得很清楚啊。《洪范传》说君王在上位而有很多过失，上招天罚，就会使天气阴郁，显示在下位的人要动手谋杀。我不敢明言，只好说有不利的阴谋。”

　　《洪范传》是汉朝人都非常迷信的一本神诡的书，讲的是天人之间的感应关系。今天读来，《洪范传》中所说的感觉就是无稽之谈。但是，汉朝人相信它，自然觉得夏侯胜这次撞得也太准了。对此事件，《汉书》中也记载得很详细。霍光、张安世听后大为震惊：怪不得汉武帝"独尊儒术"呢，看来书中自有"真消息"啊。从此，霍光便开始尊重儒家学说，还聘请夏侯胜去教上官皇太后读《尚书》，想让外孙女也多学几招，说不定也能洞察天意呢。

　　要动刘贺的计划，既然连天都知道了，那就干脆动手吧。

　　当然，若要真的动手，必须取得丞相杨敞的支持。虽然大权在大将军霍光手里，但丞相毕竟是朝廷名义上的最高行政长官，废黜皇帝的提议必须丞相主持。待丞相和大臣们提出议案，再交由皇太后和大将军批准。

　　霍光让田延年去找杨敞，以争取他的支持。杨敞一听说是废皇帝，刹那间呆在那里面色苍白、目瞪口呆、六神无主，嘴里只能发出"啊啊""可是""而且"之类的声音了。杨敞没发表任何意见，但他已经紧张得大汗淋漓，连衣服都湿透了。

　　就在丞相杨敞一筹莫展的关键时刻，田延年正好起身去方便。杨敞的夫人在东厢听见他们的谈话，立刻走出来警告杨敞说："这是国家大事。大将军显然已经决定了，才会派两千石的高官来通知你。你如果不能坚决表示支持，再犹豫不定不做承诺，恐怕第一个要免的就是你，第一个要被灭的就是我们家族啊。"

　　杨敞顿时从迷瞪状态中惊醒过来。等田延年回座后，杨敞表态坚决支持大司马大将军的决定，一切听从吩咐从事。真是妻贤夫祸少啊！这样，杨敞不仅保住了丞相之位，而且保住了杨氏家族。

杨夫人是谁？正是司马迁的女儿。司马迁做过汉武帝的太史令、中书令，自然杨夫人也算是书香门第出身、见过大世面的人。杨夫人在关键时候当机立断，不仅挽救了丞相杨敞，也改变了汉朝的历史。

一切安排妥当之后，霍光便在未央宫召集丞相、御史、将军、列侯、中二千石、大夫、博士等一同议论此事。

霍光开宗明义地说："昌邑王行为昏聩淫乱，恐怕会危及国家，诸位议议我们该怎么办？"众大臣大惊失色，这是什么意思呢？大家不敢发言，只能唯唯诺诺、面面相觑不说话。

看大家都不说话，田延年就站出来表态了。田延年走到霍光面前，手按住长剑说："先帝把年幼的昭帝托给大将军，也就是把天下交付给大将军。大将军忠诚贤能，能够稳固天下。如今，汉家将要断绝香火，将军就是以死谢罪，有何脸面到九泉之下去见先帝呢？汉家天下面临存亡，今天要立刻讨论如何解决这个问题。如有人故意拖延耽误大事者，我用剑斩了他！"

田延年一向以敢动手著称，他这么一说不是明摆着要大家表态吗？于是，明白的大臣立刻想到了上官桀、桑弘羊、田千秋的故事，大家不约而同地叩头说："天下系于将军一人，愿听将军指示。"

霍光见大家没有异议，就率领文武百官去朝见上官皇太后。这时，群臣如梦方醒，纷纷指责刘贺种种无道的行为，证明他言谈举止不合乎皇帝的身份而应该罢黜。

于是，霍光的外孙女、十五岁的上官皇太后乘车前往未央宫的承明殿，下诏让刘贺来朝见。

刘贺一进未央宫，禁宫侍从的中黄门宦者立即关闭大门，其随从被阻在门外。刘贺回头问："这是怎么回事呀？"霍光立刻跪下报告说："皇太后下令，不准昌邑国臣属进宫。"刘贺说："搞得这么紧张，吓我一跳！"与此同时，车骑将军张安世率领羽林军将刘贺的随从一网打尽，被逮捕的二百余人送到廷尉诏狱羁押。

霍光让护卫看守刘贺，再三叮嘱道："一定要严密保护他，万一他因别的原因死亡或者自杀，我会辜负天下人的委托背上弑君的恶名。"

刘贺不知道霍光什么意思，更没想到自己就要被废黜，就问看守自己的人说："我的那些属下犯了什么罪，为什么你们把他们全部给抓起来了？"说话间，上官皇太后下令进见。刘贺这才觉得不对劲："我犯了什么错？怎么太后这么一本正经地要我去？"

上官皇太后这次召见确实很庄严，她身着盛装坐在武帐之中，左右数百名卫士手执武器，文武百官依照尊卑次序上殿就座。最后，上官皇太后才命人召唤刘贺到面前，跪下听诏。

先读的是群臣联名弹劾刘贺不称职的奏疏，列举了刘贺的一系列荒唐事，具体主要有六个方面：

一是初到长安立为太子，服丧期间居然私自购买鸡肉、猪肉进餐，而且在先帝棺椁前接受皇帝玉玺，拆封之后还随意乱丢。这是不忠。

二是用皇帝信物征召昌邑国的从官、马夫、伙夫、奴仆二百余人进宫一起吃喝玩乐，还扬言说要送给一个老随从黄金一千斤，让他娶十个妻子。这是不仁。

三是昭帝灵柩还停在前殿没有出殡，刘贺就搬出乐器与昌邑国来的乐队锣鼓喧天、引吭高歌、演戏取乐，居然还动用祭天的乐队遍奏各种流行的乐曲自娱自乐。这是不孝。

四是随意动用朝廷仪仗在皇宫内乱跑，甚至调弄野猪、搏斗猛虎以寻欢作乐。这是不义。

五是擅用皇太后专用的小马车让自己的属下乘坐，在宫中奔驰游戏。这是非法。

六是与汉昭帝宫女淫乱，还威胁掖庭令，说若敢泄露消息就将其腰斩。这是非礼。

上官皇太后不过十五岁，实在听不下去这些不仁不义、不忠不孝、非法无礼之事，羞得面红耳赤，气得浑身发抖，就喝令说："别念了。作为一个臣子，怎么能这般狂悖荒淫？"

刘贺一看形势不对，立刻俯伏地面，听尚书令继续宣读一大堆罪状。最后的总结是："刘贺自从登基以来只二十七天，向官府派出的使节就有一千一百二十七批。如此荒淫迷乱，实在不适合继续做皇帝，而且包括丞相杨敞在内的大臣们上言规劝多次都无济于事。国家比君王重要。刘贺不能承受天命、不能侍奉祖宗祭庙、不把百姓当作子女，那就应该罢黜。"

上官皇太后立刻批准："同意。"这句话一出口，刘贺的皇帝就当到头了。

于是，霍光就请刘贺起身拜谢上官皇太后的诏书，然后拉着他的手解下了象征皇帝身份的四色佩带呈交给皇太后，又亲自将刘贺扶下殿，并率领文武百官一直将他送出金马门，意味着刘贺从此与皇宫永别了。

在金马门外，霍光请刘贺坐上马车，亲自送他回昌邑国在长安城的驿馆。临别时，霍光跟刘贺道歉说："大王您自绝于天，我宁愿辜负您，也不敢辜负国家。愿大王好自为之！"霍光叹着气、流着泪与刘贺作了告别。

回到朝廷，霍光率群臣向上官皇太后提议：让刘贺返回昌邑国，赏赐给他二千户。随后，撤除昌邑国，改设山阳郡，刘贺迁出封地。刘贺真是没打着狐狸反惹了一身臊，一不小心不仅皇帝位丢了，而且原先的封国也废了。按现在的话说，刘贺真的是来了一趟长安一月游，恍若一梦终惊醒。

皇帝被废了就必须追究相应的责任，而如果要证明朝廷大臣当年没有选错刘贺，就要证明刘贺蒙蔽了大家。为什么刘贺能蒙蔽大家呢？那是因为昌邑国的大臣居然没有人向朝廷报告刘贺的种种劣迹，以致朝廷做出错误的选择；特别是刘贺当上皇帝后，身边的人没去提醒，反而放纵他陷入罪恶深渊。在朝廷看来，这次逮捕的来自昌邑国的二百余人，正是蒙蔽朝廷、怂恿刘贺的元凶，罪恶最大，应该全部诛杀。有人提出，王吉、龚遂忠心耿直，不断规劝刘贺，但刘贺不听。最后，朝廷决定免除王吉、龚遂的死刑，但要剃光头发，罚做苦工。

刘贺十九岁这一年当了二十七天皇帝，故后世称其为汉废帝。刘贺这个纨绔子弟、浪荡公子一生娶了十六个妻妾，生了二十二个子女。到了二十七岁时，刘贺因偏瘫而行走不便，几乎痴呆发傻，但仍然被严加看管。

到元康三年（前63）时，刘贺被封为海昏侯，封国在豫章郡海昏县。刘贺死时年仅三十四岁，葬在今江西南昌。2011年，海昏侯墓被发掘，里面出土了很多金饼，就是祭祀先祖的祭品，但霍光和汉宣帝刘询都曾拒绝刘贺拜见先祖。不过，从墓葬可见，刘贺生前和死后都极尽奢华。

回到朝廷，霍光、张安世和群臣又开会商议新皇帝的人选。此时，对于西汉群臣来说，选出一个皇帝不容易，废掉一个皇帝很难，再选出一个皇帝难上加难，但"国不可一日无君"，硬着头皮也必须再找一个。于是，大家掰着手指头一个一个算：刘贺一废，汉武帝孙子辈的只有刘旦的三个儿子、刘胥的四个儿子，刘旦造反自杀，刘胥已被否定，他俩的子孙不能考虑。众人不禁慨叹：汉武帝一生那么英武，没想到这时皇位都差点传不下去了；要是当年没有"巫蛊之祸"多好啊，光太子刘据就有三子一女，要是活着的话，孙子就一大堆了。

太子刘据的孙子刘询不是还活着吗？当大家都认定汉武帝其他的孙子们实在不行时，蒙冤而死的太子刘据唯一的孙子刘询已经茁壮成长起来了。那么，历史会还刘询一个公道吗？

第六章　故剑情深

霍光废刘贺，一是忍受不了刘贺的荒唐；二是刘贺手下已经开始谋划除掉霍光。据班固《汉书》记载说：

> 昌邑群臣坐亡辅导之谊，陷王于恶，光悉诛杀二百余人。出死，号呼市中曰："当断不断，反受其乱。"[①]

霍光把刘贺的两百多名随从全部诛杀，罪名是他们不能辅助、教导刘贺把人做好、把事做对。据说，这两百多人从狱中走向刑场时，路过闹市时大喊大叫。言外之意，如果及早杀掉霍光，哪有今天的祸端！

班固撰写《汉书》时加上这么一句，应该是有微言大义的。其实，刘贺被废，荒唐只是一个能摆上台面的理由。刘贺任昌邑国王十二年间的所作所为朝廷不可能不知晓。之所以最终还是将刘贺立为皇帝，一是说明汉武帝的那些子孙中昌邑王刘贺还是比较好的；二是说明刘贺的作风不是主要问题，他们密谋除掉霍光才是关键。这一点班固很清楚，霍光当然更清楚。

所以，当必须再选出一位新皇帝时，霍光首先思考的是保证自己的

[①]《汉书·霍光金日磾传》，中华书局，1962年，第2946页。

安全。可是，选谁呢？像昌邑王刘贺这样有部下辅佐的不能用，有封地支持的人坚决不敢用，这样刘旦、刘胥的后代就排除了，汉武帝的子孙中几乎就没有可用的人了。

于是，霍光天天召集张安世、杜延年等大臣一起商议，重新确定皇位继承人。由于没有合适的人选，商量的过程便是长吁短叹，商量的结果便是"明天接着议"。关键时刻，大将军长史丙吉提出了一个让所有人无法拒绝的建议：

> 窃伏听于众庶，察其所言，诸侯宗室在位列者，未有所闻于民间也。而遗诏所养武帝曾孙名病已在掖庭外家者，吉前使居郡邸时见其幼少，至今十八九矣，通经术，有美材，行安而节和。愿将军详大义，参以蓍龟，岂宜褒显，先使入侍，令天下昭然知之，然后决定大策，天下幸甚！①

丙吉提醒霍光：听说武帝还有一个嫡曾孙，小名叫作刘病已，现年十八九岁。小伙子学养不错，人品也好，性格也行，是汉昭帝的孙辈，入朝继承大统名正言顺，大将军您不妨考虑考虑！

丙吉这个提议得到了两个人的支持：

一个是太仆杜延年，他是霍光亲信中的亲信。杜延年的二儿子杜佗

---

① 《汉书·丙吉传》，中华书局，1962年，第3143页。

与刘询是好兄弟。班固说二人"相爱善"①，就是相互欣赏，相看两不厌，好得不得了。杜延年自然知道儿子杜佗的好朋友、皇曾孙刘询的品德美好，主动去劝霍光、张安世接受这个提议。

另一个是车骑将军张安世。张安世的哥哥张贺曾主动给刘询做媒，还想把自己的孙女嫁给刘询，更是没事就跟弟弟讲述刘询如何优秀、如何神奇，因此张安世对刘询不仅了解，而且相当熟悉。

张安世是一个厚道人，在他担任光禄勋时有个郎官喝醉酒在殿上小便，主事来报告要对其依法处理。张安世便说："怎么知道不是水浆造成的呢？不能拿小过来治人大罪！""成人之美"的重要表现就是凡事乐观其成，好事不一定能做，但坏事绝对不做。对于丙吉、杜延年的提议，张安世没有反对。其实，张安世还有一个理由，他的小儿子张彭祖与刘询一起读书，关系更好。

丙吉是大将军长史、杜延年是太仆、张安世是车骑将军，他们三人都是霍光的左膀右臂。当然，霍光面对这个提议也无法拒绝：第一，刘询是个孤儿，势单力薄，没有旧臣故吏，只身一人入宫做皇帝没有属下怂恿，没有力量依靠，没法对自己构成威胁。第二，一个流落街头的没落王孙做了皇帝，必然会对扶植他的大司马大将军感恩戴德，更没有理由威胁到自己。第三，即便刘询自己有些不满，但他手下没有一兵一卒，又哪里来的力量对抗，这样自己当然就可以高枕无忧了。

霍光想到这里，欣然同意。在当时的西汉朝堂，霍光同意了，就等

①《汉书·杜周传》，中华书局，1962年，第2665页。

于朝廷大臣都同意了，也等于上官皇太后同意了。于是，皇家仪仗队再次出发去迎接新皇帝：由宗正刘德率领车队亲自到刘询在尚冠里的家中请他沐浴更衣，然后坐上太仆杜延年亲自驾驶的轻便车到宗正府斋戒，入宫继承大统。

元平元年（前74）七月二十五日，刘询正式进入未央宫朝见上官皇太后。按照汉制，刘询必须先封为侯，取得贵族身份，然后才能即皇帝位。于是，朝廷先举行了仪式，封刘询为阳武侯，然后举行皇帝即位仪式。霍光率群臣奉上皇帝玉玺、绶带，刘询正式即皇帝位。

刘询是汉朝的第七任皇帝，史称汉宣帝。

新皇帝登基即位的象征，便是去祭拜供奉高祖刘邦的高庙，标志着皇帝是高祖刘邦的正宗子孙、是正统的继承人。这个祭拜是汉朝的最高礼节，由太仆驾车、大将军骖乘。

刘询流落民间，又成长于掖庭，深知霍光的独断专权。刘询跟霍光坐在一辆车上心里不禁忐忑不安，故班固用"若有芒刺在背"来表示刘询乘车时的感受①。"芒刺在背"，这个成语便由此而来，以形容人的内心惶恐、坐立不安、浑身别扭。

祭拜回来，刘询的车驾便改由车骑将军张安世陪乘。刘询看到和蔼的张安世觉得安逸自在，这才身体舒展自如，感觉好了很多。后来，霍光死后霍家被灭九族，民间就传说着"威震主者不畜，霍氏之祸萌于

①《汉书·霍光金日磾传》，中华书局，1962年，第2958页。

骖乘"[1]，这是说当年刘询感觉芒刺在背时就埋下了诛灭霍家的种子。可见，刘询即位之初，就想着必然有一天要铲除霍家。如果这样来说，刘询此后对霍光的尊重和客气，就不是发自内心的敬重，而是心存不满的谋划。

按照辈分，刘询是汉昭帝刘弗陵的孙辈。这样，刘询一即位，十五岁的上官皇太后也得加上一辈，被称为太皇太后，名分上是刘询的祖母；而这位祖母是霍光的外孙女，刘询就算是霍光外孙女的孙子，如此一来刘询与霍光之间便隔了整整四辈。

按照传统，刘询作为皇位继承人，必须孝敬侍奉太皇太后；按照习惯，太皇太后要接受霍光的保护，本能地听从外公霍光的话。这样，霍光作为大司马大将军，于公可以名正言顺地在外朝辅政；霍光是刘询祖母的外公，于私可以直接替太皇太后和皇帝出主意、想办法。

霍光习惯了直来直去，觉着这样的关系实在太绕，需要将一将以便于更直接地与刘询交流。怎么办呢？霍光心想，自己不是还有个小女儿霍成君吗？小女儿若是能嫁给刘询，自己就直接成了皇帝的岳父，一来亲上加亲，二来一个女婿半个儿，万一自己和女婿有些矛盾，上有太皇太后出面教诲，中有做了皇后的小女儿来调和，下可能还有自己的亲外孙、皇太子来劝和，这样不仅自己的权威不会受到削弱，而且霍家的子孙也会永享皇亲国戚的待遇了。

可是，刘询有妻有子，发妻叫许平君，儿子叫刘奭。现在，刘询当

---

①《汉书·霍光金日磾传》，中华书局，1962年，第2958页。

了皇帝，发妻就是皇后，儿子就是太子，这是天经地义的事。但是，霍光的想法就是大臣们的命题作文，于是朝廷里的公卿们纷纷上书请求刘询早日立皇后，就是不敢提立其发妻许平君为皇后。

刘询看公卿们都劝立皇后，却不提立自己的发妻许平君为皇后，心里就明白了怎么回事：让自己立皇后，是通情达理的提议；不让立原配夫人，却是碍于情理说不出口。刘询就下诏说：当年在尚冠里时，有一把用得特别顺手的宝剑，现在怎么找也找不到了。虽然自己现在贵为皇帝，却是一个特别恋旧的人，心里一直放不下这把宝剑。于是，刘询设重奖动员官员、百姓来寻找这把故剑，找到的给予重赏。

诏书一发出去，长期善于揣摩霍光心思的公卿大臣们立刻懂了刘询的意思：皇上对自己用过的一把剑尚且如此珍惜，更别说相濡以沫、幸福甜蜜的糟糠之妻了。公卿们一看这个诏书，敬重刘询有情有义，而且立发妻为皇后也是天经地义的事。于是，公卿大臣们只好纷纷上书说：皇上，我们劝您立皇后，正是劝您立发妻许平君为皇后啊。

刘询即位后，许平君就被接进了皇宫，却因为大臣们的犹豫只能先封为婕妤过渡着。大家一看刘询是铁了心要立结发妻子许平君为皇后，觉得也合乎常礼，自然无法拒绝。当然，他们虽然觉得就这么让一个狱官的女儿做了皇后真是便宜了她，心里有些羡慕、嫉妒甚至还有些恨意，但谁让许家当年慧眼识珠呢？当年，他们在刘询最为落魄的时候，毅然把女儿许配给他，这是福报啊。其实，要是当初就知道刘询能当上皇帝，别说一般人想将女儿嫁过去，就是张安世也不会拒绝让孙女嫁过去。

十一月十九日，刘询正式册立发妻许平君为皇后。刘询以寻找故剑的方式表明自己恋旧，不会因为突然显贵而忘记结发妻子，从而赢得了大臣们发自内心的敬重。这个典故被称为"故剑情深"，形容结发夫妻一生情深义重，始终不离不弃。

许平君的父亲许广汉是被处以宫刑的狱官，她出身卑微，习惯了平实而朴素的生活，因而其在做了皇后后也依然保持着平民百姓勤俭持家的优良传统。许皇后的仆从、车驾、服饰非常节俭，每隔五天去长乐宫朝见比自己年龄还小的上官太皇太后，亲自捧着食案敬献食物，以孙媳妇的身份孝敬上官太皇太后。

汉朝的婚姻讲究门当户对，皇帝没有穷亲戚，因此皇后要么从王侯家选，要么皇后的父亲就要封侯。许平君当了皇后，她的父亲许广汉就应该封侯，要不亲戚来往不方便。于是，刘询就找大司马大将军霍光商量，看能不能给岳父许广汉封个侯。

但是，霍光坚决拒绝：许广汉是受过宫刑的人，不适合做行政官员，而侯是地方一级大员，不能封给他。霍光对封侯之事非常严格，曾严肃拒绝过汉昭帝刘弗陵，现在他想都没想就直接拒绝了刘询的提议。

怎么办呢？刘询只得忍，暂且先把岳父许广汉封为昌成君。

对于刘询立许平君为皇后，霍光本来就有些不舒服，但刘询做得合情合理，他也无话可说。事情过去了，霍光也就没放在心上，但其妻霍显却对许皇后充满了恨意，一直耿耿于怀。

这里，有人会疑惑：霍显不是和霍光一个姓吗？要知道，汉朝的婚姻是要求"同姓不婚"的。因此，正是这一个同为"霍"姓，可以看出霍光的结发妻子并非霍显，也就是说霍光那个嫁给上官安的女儿是霍光与原配夫人所生。有人认为，霍显可能是霍家的婢女，随主人姓了"霍"。霍显后来成为霍光的第二任妻子，又为霍光生了一大群子女，而小女儿就是霍成君。

按照霍显的思路，霍成君是大司马大将军的女儿，只有与皇帝结婚才是门当户对。许平君不过是一个狱官的女儿，怎能配享受如此的荣华富贵？霍显要求霍光的亲信阻止立许皇后，可大臣们知道此事于情于理说不通，再加上刘询表明了态度后他们确实张不开口，也无法阻止皇帝的家事。这样，霍显满怀的期望就落了空。

霍显眼睁睁看着许平君这个丑小鸭变成了白天鹅，心里实在咽不下这口气。其实，若是一个善良的人，看贤惠、美丽、健康的许平君做了皇后，可能会衷心地祝福。但是，霍显从一个婢女变成夫人的成功经历，让她相信：没有干不成的事，只有不想干的事。因此，霍显是一个不达目的誓不罢休的人，为了目的可以不择手段，使用一切手段都可以不计后果。

霍显处心积虑地在寻找机会，若要让自己的女儿霍成君成为皇后，只有找机会除掉许皇后。就这样，盼望着，盼望着，机会终于来了。

一年后，许皇后又怀孕了。由于生活简朴，许皇后身边并没有值得依赖的能照顾孕妇的人，于是刘询便从宫外找了几名懂医术的女子进宫照顾皇后。在这几名女子中，就诞生了中国历史上著名的女杀手淳于衍。

淳于衍为霍光妻子霍显所用，这也为接下来霍显的计划实施埋下了伏笔。

　　淳于衍的丈夫是一名掖庭护卫，平时在宫内外站岗，但他不想一辈子站岗巡逻，希望能谋个好差事。于是，他就跟妻子淳于衍商量："在进宫之前，你去向霍夫人辞行，看看能不能求她帮忙，把我调出去当个安池总管。"安池，是现在山西省运城市南盐池，当时负责给长安供盐。汉朝实行盐铁专卖，盐池总管是一个肥缺。

　　淳于衍为了过上幸福生活，当然要支持丈夫的梦想了。于是，淳于衍想办法去拜见霍显。没想到，淳于衍刚把这事一说，精明的霍显反应更快，立刻有了主意并示意左右退下。

　　然后，大司马大将军霍光的夫人霍显握着侍卫的妻子淳于衍的手，亲切地说："少夫，你求我的事，我一定照办。可是，我也有一件难事求你，不知道能否答应我？"少夫是淳于衍的字，霍显如此敬称让淳于衍受宠若惊。淳于衍赶紧说："这是哪里话！夫人尽管吩咐。"霍显说："将军最喜爱小女儿霍成君，一心要使她大富大贵。可是，我们能力有限，只有您能实现我和大将军的梦想。"淳于衍很惊讶："我有这能耐？"

　　霍显说出了自己的计谋："女人分娩，跟鬼门关只隔着一纸，是九死一生的大事。许皇后分娩时，如果您趁机下毒，就可以神不知鬼不觉地除掉她。只要许皇后死了，小女儿霍成君就会当上皇后。如果你成功了，我和将军会给你们享受不尽的荣华富贵。"

　　淳于衍顿时惊呆了，惊的是霍显如此狠毒，呆的是不知道如何回答。过了一阵后，淳于衍才吞吞吐吐说："皇后分娩，会有很多御医会诊，汤药都要经宫女先尝过才使用，我怎么能办得到啊？"

　　霍显一听，便冷冷地说："怎么办得到我不知道，我要的是结果，你自己想办法去安排。你不要怕，只要事情办成，我们就能保护你平安无事。现在将军摄政，哪一个敢多一句嘴？问题在于，你愿不愿帮这个忙？"

淳于衍这才发现自己没有选择：答应了，是死罪；不答应，现在就不可能活着出去。于是，淳于衍寻思了半天，想着能活一会儿就多活一会儿，说："我尽力去做吧。"

淳于衍为了丈夫升官、为了自己衣食无忧，下决心铤而走险。回家后，淳于衍找到了对付许皇后最有效的一味中药——附子，并捣碎后悄悄带进了宫里。按照《神农本草经》的说法，附子，性辛，有毒，是大热之药，火性迅发，无所不到，孕妇和产妇忌用。

本始三年（前71），许皇后生下了一个女儿。分娩之后，许皇后身体虚弱，御医们便用药调养。这时，入宫以来表现格外良好的淳于衍悄悄取出附子，掺和到御医撮合的药丸里给许平君服下。随后，附子药性迅速发作，许皇后立刻便气喘吁吁，她呻吟着说："我的头麻得越来越厉害。"出于直觉，许皇后怀疑药丸有问题，警觉地问道："药丸里有没有毒？"淳于衍安慰说："怎么可能有毒？皇后就放心吃吧。"

不久，许皇后便觉得头崩欲裂，烦躁不安。等御医们赶来，许皇后已经汗如浆出，没能抢救过来。许平君十四岁嫁给刘询，十六岁当上皇后，十九岁不明不白被毒死。

许皇后被毒死，在朝廷引起极大震动。有人上书指控御医们没有尽力侍奉诊治，眼泪汪汪、内心悲苦的刘询便把所有御医全部逮捕下狱，发誓要追查许皇后的死因。

淳于衍完成任务出宫，立刻晋见霍夫人霍显，互相恭喜对方实现了梦想，并彼此没事似的安慰了一番。由于刘询正在追查，霍显不敢马上重赏淳于衍，让她先避避风头。

但没想到的是，淳于衍刚回到家中，立刻就被拘捕入狱。这让霍显大为惊恐，一旦淳于衍被审讯交代出自己的阴谋，那可真的就要完了。

这下，霍显只能动用霍光的力量了，否则不光自己甚至霍氏家族都要被牵连。于是，霍显决定将这件事告诉霍光，让霍光来解决此事。

霍显郑重地坐在霍光面前，一五一十地把来龙去脉告诉了他："我也知道不应该这样做。可为了我们的女儿，只能这么做；既然做了，就要面对。现在唯一的办法，就是不要再逼迫淳于衍，一旦她供出来，我们就全完了。"

霍光很是惊讶，没想到妻子不仅手伸得太长了，而且下手如此狠毒。对于霍光的第一反应，班固记载为："光惊愕，默然不应。"[1]不过，霍光沉默是在盘算如何尽快处理这件事：如果检举夫人指使女医毒死皇后，自己也脱不了干系，而且一定会有政敌一口咬定是自己主使，那就跳进黄河也洗不清了，更何况夫人跟淳于衍商量时是一口一个以将军作为靠山的。

于是，霍光决定亲自出面请求刘询结案。御医们虽没有让许皇后起死回生的能力，却能看出许皇后死得蹊跷。但是，无论廷尉怎么审，都未能查出凶手。刘询查来查去，一是没有真相，二是没有实据。霍光便

---

①《汉书·外戚传》，中华书局，1962年，第3966页。

授意廷尉，请求皇上先结案：既然查不出来，总不能没完没了闹得人心惶惶。

刘询心情悲苦，却无能为力，只能追究御医们侍奉不尽心的责任。刘询将许皇后谥为恭哀皇后，安葬于杜陵南园。杜陵是刘询为自己修建的陵墓，将许皇后安葬于南园意在其以后能永远陪着自己。今天，我们到西安杜陵，仍能看到许皇后的陵墓在刘询陵墓的不远处，真可谓"生前相许一生，身后相伴永远"。

经霍光批示，淳于衍被释放。霍夫人没有食言，立刻给了淳于衍丰厚的赏赐。这件事记录在《西京杂记》中：

> 霍光妻遗淳于衍蒲桃锦二十四，散花绫二十五匹。绫出钜鹿陈宝光家，宝光妻传其法。霍显召入其第，使作之。机用一百二十镊，六十日成一匹，匹直万钱。又与走珠一琲，绿绫百端，钱百万，黄金百两，为起第宅，奴婢不可胜数。衍犹怨薄曰："吾为尔成何功，而报我若是哉！"[1]

在淳于衍看来，要是没有自己毒死许皇后，霍光这个大司马大将军的女儿也不能入宫做皇后，霍家还能如此不可一世吗？

不过，霍夫人已经无暇顾及淳于衍了，因为许皇后一死，自己的宝贝女儿霍成君必然要做皇后了。此时，霍夫人正忙着给女儿做出嫁的衣

---

[1]《西京杂记》卷一，周天游校注，三秦出版社，2006年，第33页。

服，准备进宫的用具，要霍光把女儿送进宫去。

霍夫人为什么非要女儿做这个皇后呢？这要先从汉朝的继承制度来说。按照宗法制，皇后是皇帝的正妻，皇后的儿子是皇位第一继承人。这样，当了皇后，就意味着所生的儿子离皇位无限接近。霍光的外孙女、上官安的女儿上官皇后要是有了儿子，就是汉昭帝当然的继承人，因此上官安才绞尽脑汁地送女儿入宫。霍夫人的心思也是一样，要是霍成君为刘询生了儿子就是皇位继承人，而外孙若做了皇帝必然要倚仗外公、舅舅，这样霍家就能继续位高权重。

如今，许皇后已经死了，母仪天下的皇后之位总不能一直空着，这样公卿大臣们便名正言顺地要求刘询再立皇后。群臣商量后一致认为大司马大将军霍光的女儿霍成君碧玉年华、才貌双全，是皇后的不二人选，希望皇上好好考虑。

权衡利弊之后，二十二岁的刘询同意迎娶十七岁的霍成君入宫，先封为婕妤，一年后册立为皇后。

这是汉朝后宫辈分最乱的时期。从霍家的血缘关系来讲，霍皇后是上官太皇太后的姨妈，可入了宫她就变成了上官太皇太后的孙媳妇。原先，刘询的祖母（上官太皇太后）的外公是霍光，霍光是刘询的高外祖父，刘询就是霍光的外玄孙；现在，刘询的皇后是霍光的女儿（霍皇后），霍光变成了刘询的岳父，刘询就是霍光的女婿。这样的关系说着都觉得绕口，但霍夫人既不觉得绕口，也不觉得关系纷乱，只觉得这才是门当户对的好亲事。霍夫人格外享受作为皇后母亲的风光，没事时就带着其他女儿不分昼夜地随意出入后宫，不是今天要去看看霍皇后身体怎么样，就是明天要去找上官太皇太后叙叙旧，以至于成了那个时期在后宫里最耀武扬威的女人。

当年，许皇后生活节俭、简朴低调，侍奉她的宫女不多，要不也不至于怀孕后还需要从宫外请女医照料。现在，霍皇后从小娇生惯养，车马、侍从、服饰处处讲究奢华排场，赏赐左右动不动就是千万钱，让曾经侍奉许皇后的那些人觉得真是恍若隔世。

一个聪明的人，知道该高调时就高调，该低调时就低调，否则就是不着调。霍光作为大司马大将军权倾朝野，霍夫人高调地在宫里宫外耀武扬威，只能证明她是一个"人傻钱多"且不知收敛的主儿。当然，人算不如天算，想来什么却偏不来什么。当年上官皇后入宫后，霍光把所有的嫔妃宫女都看管起来，即使这样汉昭帝也没能让上官皇后有喜。霍皇后入宫后，刘询当着霍光和霍夫人以及上官太皇太后的面恩爱了五年，可五年过去霍皇后依然身轻如燕，毫无怀孕的迹象。

从史料上看，刘询除了与许皇后有子之外，还与另外五个婕妤分别生了儿女，一生六子二女，但唯独与霍皇后没有子女。我们不知道这是历史的安排，还是刘询的设计，但霍皇后就是没有怀孕。

当然，霍皇后不生孩子，不等于刘询没有儿女。因此，霍光和霍夫人都很着急，大臣们也很着急，毕竟皇后的子嗣是必然的皇位继承人。不过，刘询却不着急，他的儿女们正在茁壮成长呢。

地节三年（前67），刘询下诏立许皇后的儿子、八岁的刘奭为太子。这件事让霍夫人非常恼怒，据《汉书·外戚传》记载：

怒恚不食，呕血，曰："此乃民间时子，安得立？即后有子，反为王邪！"[1]

心机深沉、城府深厚的霍夫人之所以对这件事如此恼怒，是因为她很清楚：如果刘奭将来继承皇位，霍家对于他毫无恩情；而他一旦发现生母许皇后是霍家毒死的，一定会对霍家灭族。再退一步说，即便将来霍皇后生了儿子，若不能即位为皇帝，也只能是刀俎上的鱼肉——任人宰割，与没有儿子是一样的。

霍夫人是个任何时候都要控制局面的人，绝不会眼睁睁地看着自己女儿的未来受制于人。于是，霍夫人决定故伎重演，毒死太子刘奭。

一般而言，大公无私是圣人，先公后私是贤人，公私兼顾是常人，损公肥私是小人。如果霍皇后有儿子，霍夫人把太子毒死，将自己的外孙扶正，这叫损人利己，德行有亏；但霍皇后没有子息，毒死太子是典型的损人而不利己，这只能是缺德了。

这次让谁去下毒呢？霍夫人找不到第二个淳于衍了，因为那样做成本太高。最终，霍夫人想到了一个最直接、最经济、最保险的做法，让霍皇后去毒死太子。

许皇后去世时，刘奭才三岁，由宫中奶妈抚养。霍皇后是刘奭名义上的母亲，负有照顾的责任。史料没有记载霍夫人是如何说服女儿的，但霍皇后选择了言听计从，决定亲自去下毒。霍皇后一反此前对太子刘

---

[1]《汉书·外戚传》，中华书局，1962年，第3968页。

奭的不冷不热，开始亲切地召见太子，想办法让太子留下来与自己一起进餐。或许是刘询因许皇后之死有了警惕，或许是宫中流传着太多许皇后被毒死的传闻，奶妈、宫女、侍从跟太子始终形影不离，从来不给霍皇后与太子独处的机会。

霍皇后赏赐食物，奶妈和宫女总要求先品尝后才给太子吃。霍皇后显然不如淳于衍老练，无数次想下手却没找到机会，好不容易几次下手也没有成功。最终，奶妈起了疑心，宫女起了疑心，刘询也起了疑心：为什么皇后每次见太子都在处心积虑地让他吃东西呢？

直到地节四年（前66），许皇后被毒死的事被查清了，霍皇后下毒太子的事也被发现了。于是，霍夫人一不做二不休，领导霍家造反。刘询平定霍家叛乱之后，下诏废黜霍皇后，将之囚禁于昭台宫。十二年后，刘询忽然想起来霍皇后还活着，再次下令将她迁往云林馆，让她给许皇后守墓。三十三岁的霍皇后不愿受辱，自杀身亡。

"家家有本难念的经。"刘询即位后的前八年（前74—前65），皇室内部的一大堆事就够忙活了：两个皇后立废之事，昭帝陵园没有完工之事，其祖父刘据及家族平反之事，还有对曾祖父汉武帝的功过评价之事，这些家事让他焦头烂额，何况还要应对磨刀霍霍的大司马大将军霍光？那么，刘询是如何在艰难中巩固自己的地位，并不断赢得大臣们支持的呢？

第七章　韬光养晦

本始元年（前73），历史正式进入了汉宣帝刘询时代。

汉朝以十月为岁首，十月初一要举行盛大的朝会。这一天上午，三公九卿、各曹各司都要在未央宫前殿举行朝拜仪式。

在这个朝会上，上演了一场君臣谦让的好戏。

先是刘询颁诏，感谢将自己推上皇位的那些人：大司马大将军霍光、车骑将军张安世、已故的丞相杨敞、新继任的丞相蔡义、度辽将军范明友、前将军韩增、太仆杜延年、长信少府夏侯胜等，十二位功臣增封户数；御史大夫田广明、后将军赵充国、大司农田延年、少府乐成等五人封侯；光禄大夫丙吉、京辅都尉赵广汉等七人封为关内侯。

其中，霍光功劳最大，刘询给他的赏赐也最多，因为他的职位已经最高了，那就只能多给些实惠吧。刘询增封霍光一万七千户，加上已有的封户共两万户。这种封户是汉朝皇帝对臣下的一种物质奖励，其中"封"就是分封，"户"就是一户人家。封户就是皇帝把原本应该交给国家的财税收入奖励给某一个人，也就是说这两万户人家的税收都交给霍光家。

接着，大司马大将军霍光郑重地在朝堂上以头触地请求归政于皇上。

刘询马上谦让，坚决不肯接受，并且下令：从今以后，朝中各项事务都先向大司马大将军霍光报告，然后才能上奏。这等于宣布刘询自己什么事都不管，全权委托给霍光处理，自己只看处理结果就是了。

刘询之所以这么做，是因为他从早朝参拜的队伍里看到了威风凛凛的霍光及霍家子弟：

霍光为大司马大将军，统管朝廷事务，统领全国军队；

霍光长子霍禹、侄孙霍云为中郎将，统率皇家卫队；

霍光侄孙霍山为奉车都尉，兼领胡越兵，是匈奴兵、南越兵的司令；

霍光长女婿邓广汉为长乐卫尉，统率长乐宫警卫；

霍光四女婿范明友为未央卫尉，统率未央宫警卫。

霍家其余的兄弟、女婿、外孙，分别担任侍中以及诸曹主管、大夫、骑都尉、给事中一类的官职，都能参加早朝觐见皇帝。霍家的亲戚骨肉结成一体在朝中盘根错节，几乎掌握了朝廷的全部要害部门，更不用说他们还有追随了几十年、十几年的老部下在中央和地方完全可以相互呼应。

这种局面，刘询觉得管也是白费力气，弄不好诏令出不了未央宫就被人抓住了把柄。于是，刘询索性一推三六五，外朝事务全部交给大司马大将军霍光处理，自己什么也不问。每次朝见，刘询都表现得特别谦恭、神情温顺、态度卑微，更用低于皇帝身份的礼节对待霍光，不厌其烦地感谢大将军兢兢业业处理朝政。

那刘询是不是就真的当甩手掌柜了呢？当然不是。

自有王朝国家以来，皇帝都有三个身份：一是皇帝本人，一个有血有肉、有情有欲、活生生的人，也要像普通人一样吃喝拉撒睡；二是国家的象征，就是至高无上的国家领袖；三是皇族的统领，就是家族事务的最终决策者。例如，汉高祖刘邦的子子孙孙一大堆，这些人平时由宗正去管，但关键时刻皇帝才是家族事务的最终决策者。因此，刘询把外朝的事务都交给霍光去管，自己回过头先来处理家族的内部问题，既然是皇帝家族内部的事，霍光就总要尊重皇帝的意见。

俗话说"国事、家事、天下事"，实际上皇帝家的事也是"国事、天下事"，每一件都代表着国家的尊严、皇室的面子。

刘询亲自抓的第一件事，是督促修建汉昭帝的陵园。本始元年（前73），汉昭帝已经安葬大半年了，可陵园却迟迟修不好。怎么回事？刘询作为正统继承人，自然要亲自督查此事。

按照汉朝的传统，皇帝生前就要筹建自己的陵园，以作为身后安葬之所。汉昭帝尽管去世时才二十一岁，但早就病病殃殃的，自然陵园很早就开始修建了。作为汉昭帝继承人的刘询，没能生前对汉昭帝尽孝，现在督促陵园完工，既事关汉朝的体面，也事关新皇帝的形象。

为什么汉昭帝的陵园没有完工呢？物价上涨了，原先的预算不够。

好端端的丰年，为什么物价会上涨？按照大司农田延年的说法，物价上涨是商人囤积居奇导致的。具体来说，就是茂陵富人焦氏、贾氏两家，以数千万钱为本，大量购买、存储木炭、苇草等物资。结果，等到汉昭帝驾崩办理丧事时，这些物资的市场供给不足，买不到；价格一涨，原先的预算就不够了。于是，汉昭帝的陵园就成了"烂尾工程"。

按说，这事追加一笔专款，补上物价上涨带来的资金不足就是了。可是，主管财政收支的大司农田延年却不愿意花这笔钱。

田延年是霍光的亲信。当年，霍光要废掉刘贺时，大司农田延年曾去劝说丞相杨敞遵从，后来又在大殿按着宝剑叱责大臣让大臣附和废黜刘贺。为了打击如茂陵富人焦氏、贾氏等不法商人，田延年上书说："有些不法商人擅长囤积居奇，预先收贮下葬物资，等急需时获取暴利。这不是平民、更不是忠臣应该做的事。请求没收这些不法所得，上交官府处理。"

霍光一看是田延年的建议，立刻批准。这样一来，那些富人不仅没有赚到钱，反而连老本都搭上了，还落了个不法的罪名。因此，那些富人都十分怨恨田延年，于是联合起来花钱找关系检举田延年有罪。

举报田延年什么罪呢？虚报费用，贪污公款。

当年，身为大司农的田延年监管昭帝陵园修建时，需要租用百姓牛车三万辆运沙到陵地，其中一辆车的实际租金是一千钱。但是，田延年结账时却虚报为每辆二千钱。这样一来，这项开支总共六千万钱，大司农田延年就贪污了其中的一半。

就这样，焦、贾两大富户便收集好材料到丞相府举报田延年。

那么，这时的丞相是谁呢？蔡义。

蔡义与田延年曾是同僚，两人曾在大将军霍光的幕府一起共事。当时，蔡义很穷，没有车总是步行，大家看他实在辛苦，就凑钱给他买了一辆牛车让他乘坐。后来，汉昭帝想学习《韩诗》，下诏寻找精通该书的人。于是，蔡义就给汉昭帝讲《诗经》，而汉昭帝听了很满意，提拔他为光禄大夫、给事中，让他进宫给自己讲课。这样，蔡义算是汉昭帝的老师。

后来，汉昭帝越来越信任蔡义，任命他为少府，替自己管理内务；

又迁升他为御史大夫，负责督察百官。丞相杨敞去世后，由蔡义继任丞相。这时，蔡义已经八十多岁了，他身材矮小、没有胡须，眉毛也脱落了，面相很像老妇人，走路弯腰驼背，常常要两名属下搀扶才能行走。

霍光让蔡义出任丞相，主要有两点：一是看他年老，没精力管事；二是蔡义是个书呆子，没有能力管事。这样，有议事者说霍光设置丞相，不选择贤才，故意任用可以由他控制的人。霍光听说后，此地无银三百两地解释道："皇帝的老师做丞相，怎么能说不是选择贤才呢？这种议论就此打住，不能传开，不要让天下人听到。"

从感情上说，蔡义对汉昭帝情深义重，若他不是担任过汉昭帝的老师，可能早就致仕了。按理说，蔡义管过少府，知道物价如何、开销怎样。在汉朝，田租、口赋等收入归大司农管理，作为国家财政收入；山海池泽之税的收入称为禁钱，归皇室所有，算是皇帝的个人收入。少府专管皇室收支，蔡义自然清楚运沙土的市价是多少，而且一看材料就知道其中有没有猫腻。从法律上说，蔡义又做过御史大夫，负责协助丞相处理政务，偏重于执法或纠察，职责是弹劾不法的大臣，可以直接奉诏收缚、审讯有罪的官吏。也就是说，蔡义一看到焦、贾两家的举报材料，就知道大司农田延年犯了多大的罪。

总之，蔡义于情、于理、于法都要查清这件事：一来告慰汉昭帝的在天之灵；二来洗清自己用人不当、管理失察的罪过。于是，蔡义接收了焦、贾两家的举报并亲自上报，认为田延年趁主持公事之机贪污了三千万钱，罪属大逆不道。

汉朝一斤黄金值万钱，三千万钱就是三千斤黄金的价格，当时的一斤大约相当于现在的250克。按照金价每克300元（以2013年为例）计算，田延年实际上相当于贪污了2.25亿元。

霍光一看蔡义的意见觉得事态很是严重，赶紧召唤田延年责问，本意是想跟他商量设计一个方法"大事化小，小事化了"。可是，田延年天不怕地不怕，拒不承认自己贪污，嘴硬地说："绝对没有这回事。"

霍光一听亲信这么说，就联想到了一件事：

去年，刘询刚即位时，就有一个叫严延年的侍御史上书，弹劾霍光"擅废立，亡人臣礼，不道"[1]。当时，霍光觉得这是蚍蜉撼大树，没有与他计较，满朝文武却佩服严延年的勇气。

没想到的是，这次严延年居然又上书弹劾田延年，说大司农私自携带武器入宫，冒犯了天子尊严。但是，田延年自己却辩白说根本没有这样的事。

霍光一看又是严延年在挑理，就把此案下移给御史中丞去查办。御史中丞领会了霍光的意思，反而申斥严延年，说："你既然看到了，为什么不立即发公文给宫殿门卫阻止大司农入宫呢？这是你的失职啊。你让带着武器的大司农随意出入宫廷，一不加阻拦，二不当时报告，这是纵容罪人私闯宫禁，依法当判死罪。"

严延年一听，心想："啊！举报了半天，却被倒打一耙，自己要把命搭上啊！"万般无奈，严延年只好选择弃官逃跑。

霍光这边刚把侍御史严延年弹劾大司农田延年的事压住，丞相府那

---

[1]《汉书·酷吏传》，中华书局，1962年，第3667页。

边就转来公文要调查田延年，这背后是不是有人在下一盘很大的棋呢？霍光一想到这里，就觉得应该慎重处理此事。但是，霍光本能地相信自己人，对田延年说："如果真的没有这回事，我就要深入追究。"

负责直接处理案件的御史大夫田广明知道事态严重，他也是想保全田延年，就找到了太仆杜延年。

田广明跟杜延年说："按照《春秋》的说法，功劳可以掩盖过失。当年废刘贺时，如果不是田延年挺身而出，大事不可能告成。大事要是不成，也就没有当今皇上什么事了。我看，这三千万就算皇上赏赐给他的，如何？请你把我的意见转禀大将军。"

田广明是在袒护田延年，目的是替霍光解这个套。这个案件丞相蔡义批示要处理，霍光也决定查查，但田广明知道田延年一定有罪，可田延年又是霍光的左膀右臂，要是查到最后霍光却要保田延年，那弄不好自己会和严延年一样——"狐狸没打着，惹了一身臊"。

杜延年将这个提议告知给了刘询。刘询听了这个提议立刻明白是怎么回事，想都没想便说："既然有这个提议，那就让水衡都尉出钱替田大司农还上吧。"

水衡都尉是汉武帝时设置的职务，最初只是负责管理上林苑。后来，汉武帝把查抄没收诸侯王的土地、钱财、奴婢以及器物都归水衡都尉管理，再后来干脆连铸钱的事也交给水衡都尉管理。这样，水衡都尉实际成为皇室的小金库，一来供皇室开支，二来供国家应急。刘询下令让水衡都尉调拨资金来维修昭帝陵园，等于皇帝自己吃个哑巴亏，自己掏钱填补了大司农田延年贪污的这个亏空。

前任水衡都尉是后将军赵充国，现在兼任少府，而现任水衡都尉是前将军韩增，这两个人是从死人堆里爬出来的真将军。他们对霍光还有几分客气，但对田延年这类书吏出身又飞扬跋扈的高官有着本能的抵触。这两人尽管不情愿，最终还是划拨了这笔钱。

不过，这笔钱这样一出，大臣们都震惊了：皇上也太软弱了吧，这明摆着的贪污都不敢处置，而且还帮着垫钱填亏空。

当大家都开始同情皇上时，大司农田延年的境况就危险了。于是，杜延年赶紧跑到大将军府跟霍光汇报。

霍光也很生气，生气的不是手下贪污了钱，而是他贪污了钱居然不跟自己说实话，真是"人心隔肚皮"啊！在霍光看来，田延年这是跟他有二心。霍光想到这里，就对杜延年说："你说得很对，田延年是勇士，胆子也忒大了！众目睽睽之下，居然敢贪污。皇上这么做，我们应当在朝议时公开，让朝廷官员都震动。"

霍光决心杀鸡骇猴，若是任凭田延年这样下去，还要坏自己多少事且不说，更重要的是两人推心置腹谈话时居然当着自己的面说谎，这是他最不能容忍的。更何况田延年贪污也不动脑子，三万辆车去拉土，每车给多少钱，车夫清楚得很，人证太多了，稍微一调查就清清楚楚。在霍光看来，如果自己死保田延年，那不是告诉天下人我大将军霍光包庇大司农田延年徇私枉法，以后自己这张老脸往哪儿搁呢？

于是，霍光抬手捂着有些疼痛的心口说："说实话，这件事让我很痛心！虽然田广明为他辩白，但咱们不能徇私枉法，必须按照律法来处理这件事。他既然有罪，那让他住进监狱，由公卿大夫来讨论如何处置。"

田广明一看霍大将军不再力保，就知道该怎么处理了。于是，田广明立刻交代办案人员，向田延年转述了大将军霍光的意见。

田延年也是爽快人，他对来人说："幸亏御史大夫出来为我开脱啊。如今，长安百姓、官员都知道我贪污公款，我还有什么脸面进入牢狱让众人指着耻笑我，让狱吏在背后唾我唾沫！"然后，田延年关上家门，独居于自己的斋舍之中，拽开半边衣服，手持着刀在屋里来回踱步，等待廷尉下令前来拘捕。

几天后，田延年便接到了文书，要他到廷尉处听罪。田延年闭门不出，来抓捕的狱卒敲鼓催促他出来投案，而他却在隆隆的鼓声中举刀自杀了。

原来，迟迟拖延不能完工的昭帝陵园，责任都在大司农田延年这里。田延年一死，大家都不敢玩忽职守，工程很快顺利竣工。更重要的是，刘询清除了掌控国家财政的霍光亲信，直接掌管了国库，让霍光有苦说不出。

汉昭帝陵园修建完工之后，刘询便给祖父刘据和自己的父母平反。

按照汉朝传统，皇帝去世之后，由继位者根据前任的光辉业绩或窝囊荒疏，给他取一个谥号进行盖棺论定。例如，汉昭帝的谥号"昭"，就有三种解释："昭德有劳曰昭，威仪恭明曰昭，圣闻周达曰昭。"[1] "昭德有劳"，是说他关注民生、勤于政事，是勤勤恳恳、任劳任怨的真君子；"圣闻周达"，是说他聪明智慧，不容易被蒙蔽，是个明白人。

---

[1] 黄怀信：《逸周书校补注译·谥法解》，三秦出版社，2006年，第271页。

谥号是皇帝去世后才确定的，后世群臣和史书称刘弗陵为汉昭帝。

本始元年（前73）六月，刘询郑重提出："我的祖父故皇太子刘据，安葬湖县，死后没有谥号，也没有祭祀。请大臣们讨论一下，是否能设立墓园？"

经过一番讨论，大臣们最后给刘询上奏说：

> 礼"为人后者，为之子也"，故降其父母不得祭，尊祖之义也。陛下为孝昭帝后，承祖宗之祀，制礼不逾闲。……愚以为亲谥宜曰悼（皇），母曰悼后……故皇太子谥曰戾……史良娣曰戾夫人……①

大臣们的意思是：您能够当上皇帝，是因为汉昭帝没有后嗣。您继承了汉昭帝的帝位，就是继承了汉昭帝的香火，等于您过继给汉昭帝做了孙子。这样，您就不能再祭祀自己的亲祖父刘据，要把汉昭帝当作祖父。卫太子（刘据为皇后卫子夫所生）虽然说有些冤枉，却居然敢跟父亲（汉武帝）动刀动枪，宁肯逃跑也不愿向父亲投降，真是不思悔改，就用"戾"作为谥号吧。

刘询听大臣们这么一说，就顺着大臣的意思接着说：汉昭帝也没有儿子啊，那干脆我和我的父亲刘进一起过继给汉昭帝吧。这样，刘进还是我的父亲，而且是汉昭帝的儿子，我岂不可以称我的父亲为"皇考"了？

---

① 《汉书·武五子传》，中华书局，1962年，第2748页。

大臣们一听，这不等于刘询变相给自己的父母平反吗？于是，大臣们苦口婆心地劝阻，不同意给刘进"皇考"的称呼，但也没法拒绝刘询改葬戾太子刘据的要求。

在刘询看来，尽管朝廷给的评价不怎么高，毕竟祖父、祖母、父亲、母亲都有了谥号，也算是给他们昭雪了；自己的祖父（戾太子刘据）与曾祖父大动干戈，总有一方是错的，既然大臣们说戾太子不思悔改、有错在先，那曾祖父做的就应该是对的，如此就讨论一下曾祖父汉武帝的光辉业绩吧。

本始二年（前72）五月，刘询下诏说："孝武皇帝躬行仁义，武威远播，庙号、庙乐却还没有确定，我深感哀痛。现在，朝廷应该来共同议定啊。"

庙号、庙乐，说起来很复杂，却在汉朝非常重要。古代的皇帝去世后，不光他的家人要立庙祭祀，老百姓也要定期怀念。可是，皇帝是一代一代往下传，要是每个皇帝都立庙祭祀的话，数代之后就会有众多的皇帝庙，祭祀起来就很麻烦且不严肃。所以，过几代就会把一些不重要的皇帝之庙毁掉，合并到太庙中去祭祀，这叫作"祧"。但是，也有些皇帝庙可以永久保留下来，这叫作"不祧"。永久保留的不祧之庙，一般留给有丰功伟绩的皇帝。这些有着杰出贡献的皇帝，便设一个庙号用来纪念他的功绩。刘邦死后谥号为"高"，庙号"太祖"，司马迁在《史记》中称其为高祖，后世就习惯说汉高祖刘邦。

刘询要给汉武帝议立庙号，满朝文武无法拒绝，霍光也得赞成。于是，在刘询的主持下，文武百官齐集朝堂，开始讨论给汉武帝立庙，用来表彰汉武帝的丰功伟绩。结果是，大家都同意，唯有长信少府夏侯胜提出反对意见。

夏侯胜认为汉武帝虽有平定四方蛮夷、开疆拓土的功勋，但在此过程中战士们死亡太多，以致经济崩溃、天下穷困、百姓流离，尤其导致民间饥饿难忍而互相杀食，把国家的钱财挥霍光了，至今社会都没有恢复元气。在夏侯胜看来，汉武帝对百姓的痛苦漠不关心，没有理由给他庙号、庙乐。

大家纷纷提醒这是皇帝的意思，但夏侯胜不为所动："皇上的意思也不行。做臣子要守着直言无隐的大义，言必有据，不能逢迎上级。我的意见绝不收回，死也不悔。"

没想到夏侯胜会来这么一出，大家都很惊讶：你反对也就反对了，干什么以死抗争呢？再说，父慈子孝是脸面上的事，犯得着以死抗争吗？大家都觉得夏侯胜实在太不合群了。

在大臣们看来，既然有问题不能解决，那就解决提出问题的人。于是，丞相蔡义和御史大夫田广明上书弹劾夏侯胜："非议诏书，毁先帝，不道。"[1]丞相长史黄霸却支持夏侯胜，不同意劾奏他。于是，丞相和御史们就连同夏侯胜和黄霸一起弹劾："黄霸知情不报，包庇纵容。"刘询一看是夏侯胜和黄霸反对，想着居然还有这么较真的人，既然大家都说你们大逆不道，你们就一起下狱吧。

反对者被关了起来，刘询的提议被一致通过：汉武帝的庙号定为

---

[1]《汉书·夏侯胜传》，中华书局，1962年，第3157页。

"世宗"，用《盛德》《文始》《五行》之舞作祭祀用乐。这样，有汉以来的七位皇帝中，汉武帝的功劳排在第三位，超过了汉惠帝、汉景帝和汉昭帝。

接着，刘询作如此想就顺理成章了：既然曾祖父功劳这么高，自己又是曾祖父的嫡长孙，那么从血缘上讲自己继承皇位完全合法，从礼制上讲自己继承皇位极其合理。就这样，在不经意间，刘询不仅成了皇族事务的决策者，而且成了汉王室的正统继承人，让别人死了觊觎皇位的心。

在刘询看来，夏侯胜说的那些错误，汉武帝晚年自己也承认了，不能用他的错误彻底否定他的功劳，所以要立庙；也不能用他的功劳彻底掩盖他的过错，因此"巫蛊之祸"还是可以进一步讨论的。

刘询知道夏侯胜是只懂经学不懂政治的老学究，他提出的意见往往照本宣科而没有政治意图，那就先关着吧。不过，如果要想保持朝廷正气，还是需要有这样据理力争而不顾个人安危的人，若都是遇事逢迎、没有原则诌媚的人，那岂不是在关键时候朝廷没有一个人敢站出来忠言直谏？

在处理夏侯胜的过程中，刘询发现了黄霸的正直，决定对其提拔重用。当年，上官桀跟霍光争权，霍光诛杀上官桀后开始严格控制部下。于是，一些官吏为了迎合霍光，执法上尽量严酷，把吹毛求疵、豆腐里挑骨头作为有能力的表现，唯有河南郡太守黄霸在洛阳治理百姓时以宽厚温和闻名于世。刘询在民间时就知道黄霸执法公正，即位后立即征召黄霸做廷尉正，负责裁决疑案。不久，刘询就让黄霸兼任丞相府的长史。

话说夏侯胜和黄霸关在一起，却成全了黄霸。黄霸知道夏侯胜学问不得了，就请他给自己讲授《尚书》。夏侯胜说："我们随时都会被处决，还学什么？"黄霸很认真地说："子曰：'朝闻道，夕死可矣。'"这句话出自《论语·里仁》，是说早上知道真理，即便晚上就死，也没有遗憾了。

夏侯胜一听，先是感叹"孺子可教"，后是激动不已——没想到黄霸真是活学活用孔子语录的典型啊。于是，夏侯胜给黄霸讲《尚书》，用了两个冬天把《尚书》传授给了黄霸。当然，黄霸出狱后的实践也给出了证明：监狱也是一所好学校，关键看与谁关在一起。

本始四年（前70）的四月二十九日，汉朝发生了强烈地震，四十九个郡、封国同时感到地动山摇，一时间山崩地裂、城倒屋塌，死了六千多人。

按照汉朝的知识水平，习惯地认为地震不是天灾的果，而是人祸的因。每次天象有异如日食、月食、彗星，或者自然灾害如地震、水旱，都被视为上天对朝廷提出警告，皇帝和大臣们借此机会要反省自己的失误，严重时还要由皇帝下诏自省或者丞相免职。

于是，刘询下诏要求各级官员，尤其是丞相、御史、侯爵、中二千石以上的高官，应向精通儒家经典的读书人请教：地震的警示意义何在？代表着什么警告？期望知道的人不要有任何忌讳，要替天说话。为鼓励大家畅所欲言，长安及其周边地区、太常、内郡、封国，各推荐贤良一人、方正一人，共同研究这次地震的成因并给朝廷提提意见。

为了应对灾害，刘询还宣布大赦天下。在汉朝，大赦天下意味着既往不咎，也就是尚未起诉的不再起诉，已经起诉的撤销起诉，已判定有罪的按无罪释放。刘询从小坐牢，要不是遇到大赦，他可能一生都要把牢底坐穿。因此，刘询即位后，常常用大赦的方式避凶趋吉。刘询在位二十五年，先后宣布十次大赦，并废除了多项株连的律法制度。在刘询看来，要让老百姓做好人，得相信他们是好人。于是，刘询采取缓刑、薄刑的策略，不仅没有让社会秩序变坏，反而让社会风气变得更好了。

这次获得大赦的人便包括夏侯胜、黄霸二人，他们从监狱走出来时任命的诏书也到了。其中，夏侯胜被提拔为谏大夫兼给事中。谏大夫专门负责给皇帝提意见，给事中是可以进皇宫面见皇帝的。这就相当于宣布夏侯胜可以随时进宫给皇上提意见，不必再跟一般人说那些他们听不懂的话，直接跟皇帝面对面说就行。同时，黄霸被任命为扬州刺史。西汉的刺史是中央驻地方的检察官，负责督察官员、澄清吏治，这表明刘询相信黄霸的正直，能够将南方的真实情况随时报告给自己。

看来夏侯胜反对刘询，黄霸支持夏侯胜，不仅没有惹怒刘询，反而让刘询深刻地记住了他们的正直，并随后找机会予以重用。按照《汉书》的描述，夏侯胜是个典型的读书人，忠实而朴素，善良而固执，平易近人，没有一点官员架势，也没有一点官场习气。夏侯胜有时对刘询也忘了称"陛下"而直称"你"，有时在刘询面前也会直接称呼其他官员的别名，这种诚实正直在刘询看来是真正的忠于朝廷。

有一次，夏侯胜把刘询跟自己的私密谈话转告了别人。刘询听说后，责问夏侯胜为什么这么大喇叭。夏侯胜却说："陛下的话都是嘉言善行，是我故意告诉别人的。古代尧舜禹的话广布天下，现在家家户户都会背诵。我认为可以传播，所以才敢传播。"

一个人要成就天下的事业，就要有包容天下的胸怀，也要有包容别人的勇气。刘询知道夏侯胜正直，每有重大决策就邀请他参与讨论，并专门鼓励夏侯胜道："先生只管发言，不要把从前的事放在心上。"刘询让夏侯胜畅所欲言，给其他讨论者做榜样，针锋相对地讨论问题，才能保证决策的合理稳妥。后来，刘询还任命夏侯胜这个诚实正直的倔老头为太子太傅，让他去教太子刘奭读书。

此时，到了本始四年（前70），刘询二十一岁，即位已经四年了。

在这四年里，皇家的事都是大事，刘询册封了许皇后、安葬许皇后、迎娶霍皇后；督促昭帝陵园完工，重新安葬祖父母、父母，给他们谥号；给武帝立庙，设庙乐。等忙完这些时，刘询已经不再是初出茅庐、战战兢兢的毛头小伙子，而是得到宗族支持、赢得朝臣折服的青年天子了。

这四年，霍光越来越焦头烂额，不再像汉昭帝时期那样随心所欲、得心应手了，而刘询却逐步掌握了朝政，特别是在用兵西域的过程中力排众议的决策更是赢得了将军们的认同。

第八章　经营西域

　　为了了解刘询经营西域的过程，这里得把汉朝与乌孙的关系从头理一理。

　　乌孙是由游牧的乌孙人建立起来的一个国家，它的东北方与匈奴接壤，西北与康居国、西与大宛国等相连。乌孙是西汉中期西域诸国中控制面积最大、力量最强的政权，被视为西域诸国的代表，一度控制着天山以西、伊犁河流域的广大区域。

　　在汉武帝时期，开通西域是为了对付匈奴。在汉武帝之前，匈奴力量强大，控制着西域诸国，联合这些国家一起攻打汉朝。开通西域后，使得西域诸国保持中立，变成了汉朝与匈奴对战，而西域诸国坐山观虎斗。随着汉朝对匈奴作战取得主动，西域诸国跟着汉朝一起攻打匈奴。刘询继续经营西域后，强化了汉朝与西域诸国的关系并合纵连横成功，变成了匈奴内部对战，而汉朝和西域诸国一起在旁边看热闹。最终，分裂出来的南匈奴呼韩邪单于直接归附了汉朝。从此，匈奴一蹶不振，再也无力与汉朝对抗。

　　在持续几百年的汉朝与匈奴的对峙中，汉武帝时期开通西域，开始初步战略转型；刘询时期与西域诸国结盟，是战略转型完成的关键点，为东汉彻底战胜匈奴奠定了基础。

　　汉武帝元狩二年（前121），熟悉西域事务的张骞认为要想彻底改变汉朝对匈奴作战的劣势，应该与西域最大的乌孙国形成稳固联盟：一来可以斩断匈奴与西域其他国家间的联系渠道，减少其他国家对匈奴的支援；二来若能联合乌孙这样在西域有影响的大国，会带动其他国家与汉朝交好。

于是，汉武帝封张骞为中郎将，率领三百人赶着上万计的牛羊，携带数千万的黄金和礼物出使西域。张骞出使西域的主要目的是说服乌孙支持汉朝，与他随行的其他副使分别出使乌孙周边的大宛、康居、月氏、大夏等国进行游说，让他们与汉朝交好。

当时，乌孙国王是猎骄靡，他有十几个儿子。大儿子是太子，太子之子是军须靡。但是，太子没有来得及继承王位就早逝，去世前太子对猎骄靡说："我未能继承您的事业，请求您以军须靡为太子来继承王位。"于是，伤心难过中的猎骄靡就答应了。

没想到，猎骄靡的次子大禄统率着一万余骑兵驻扎在外地，听说父亲要把王位传给孙子军须靡，顿时火冒三丈。大禄立刻把其他兄弟软禁起来，然后率兵反叛准备进攻军须靡。猎骄靡一看次子大禄要造反，便分给孙子军须靡一万余骑兵，让他屯驻险要之处以自卫，而他自己带领着一万余骑兵以防大禄作乱。

这场内乱使得乌孙的势力一分为三。乌孙名义上归猎骄靡节制，但儿子大禄和孙子军须靡分别自立，彼此虎视眈眈，谁都不敢轻易打破均势。

正值此时，张骞到了乌孙，并带来了汉朝的礼物和黄金。

张骞将礼物送给猎骄靡后，对猎骄靡说："您如能束归部下，汉朝就嫁公主作为您的夫人。咱们两国结为兄弟之国，一同抗拒匈奴。两国联合起来就能打败匈奴，西域诸国就再也不受匈奴的欺负了。"

乌孙远离汉朝，并不知道汉朝的大小强弱。猎骄靡学着匈奴单于接见自己的礼节，对张骞摆出了一副高高在上的样子。张骞对猎骄靡说："大汉天子赐给您礼物，您不拜谢，那就把礼物归还我们。"

猎骄靡听后虽然很生气，但看在那么多礼物、那么多黄金的分儿上，觉得拜谢一下就是自己囊中之物很划算。在猎骄靡看来，眼下自己毕竟与儿子和孙子还在水深火热地对峙，自己应该多积攒点经费置办粮草，将来一旦动起兵戈来也不是坏事。于是，猎骄靡就起身拜谢了。

此时，乌孙还没有想好是否真正与汉朝结盟，对汉朝使团有点爱搭不理的样子。张骞意识到了猎骄靡的顾虑：一是乌孙比其他国家更靠近匈奴。匈奴西进，首当其冲的就是乌孙。乌孙已经被强悍的匈奴打怕了，大臣们都不愿冒着继续挨打的风险与遥远的汉朝结好。二是猎骄靡已经年老，权力三分，大家都在观望。对于乌孙的大臣们来说，既然不知道未来谁能控制乌孙，现在谈外交结盟为时尚早。

不知道何去何从时，猎骄靡选择了拖一拖：既不跟匈奴翻脸，也不拒绝汉朝的示好。

如何拖呢？猎骄靡说：礼尚往来嘛！既然大汉派使者来和我们交好，那我们也派使者到汉朝还礼，护送使臣张骞回长安。同时，乌孙进献良马数十匹，以答谢大汉天子的美意。实际上，猎骄靡是想让使者到长安，亲自看看汉朝到底有多大、有多强，有没有必要与之交往。

没想到，乌孙的使者一进入汉朝国境，看到的是地大物博、人口众多，到处是一片欣欣向荣的景象，最终被这汉朝的大场面、大气魄、大手笔给镇住了。归国后，乌孙使者如实描述了汉朝的繁荣富强。猎骄靡一听，汉朝原来那么大、那么多人、那么有钱，还那么讲道理，马上决定和汉朝结盟。这样，乌孙既可以通过对外贸易挣钱，还能够找到一个更强大、更文明的靠山。从此，乌孙便与汉朝通使，并护送汉朝使者经乌孙之南到大宛、月氏，推动汉朝与西域诸国建立友好关系。

匈奴听说乌孙与汉朝交好，西域诸国都与汉朝通好，顿时气不打一处来，决定教训一下不听话的西域诸国。于是，匈奴的乌维单于下令整顿兵马，要把带头的乌孙痛打一顿，以"杀鸡骇猴，以儆效尤"。

乌孙的军事实力虽在西域诸国中最强，但也就三万骑兵，对付动辄出兵十几万的匈奴还是小巫见大巫。此时，猎骄靡一看狼真的来了，自然非常惶恐，立刻派使者再次献马给汉朝，并声明自己愿娶汉朝公主，两国永结为兄弟之国，以共同对付来势汹汹的匈奴。

元封六年（前105），汉武帝选派江都王刘建之女刘细君作为和亲公主嫁给猎骄靡。汉武帝赐给细君公主车马和皇室器物，并为她配备官吏、宦官、宫女、奴仆数百人，浩浩荡荡地出嫁乌孙。

匈奴一看，汉朝这是远交近攻，你会和亲通好，我们也会。于是，匈奴改变策略，比着葫芦画瓢，也选送公主嫁给猎骄靡。

猎骄靡一看匈奴不打了，自己却一下子得到了两位夫人，从此我就谁也不得罪，只要搞好平衡外交就行了。

匈奴离乌孙近，和亲的公主自然先到，猎骄靡就封她为左夫人；汉朝的细君公主后到，猎骄靡就封她为右夫人。

如今，我们一提到和亲，大家可能会想到汉元帝时期的王昭君。其实，在汉朝漫长的和亲路上，王昭君只是其中一个著名的代表。细君公主与此后的解忧公主先后嫁到乌孙，为汉朝赢得西域诸国的信任付出了毕生精力。

当然，细君公主跟匈奴的公主相比，劣势明显。一是语言不通，无法与乌孙国王交头接耳、窃窃私语、吹枕头风；二是不适应西域水土，自顾尚且不暇，哪有精力照顾猎骄靡。在初嫁到乌孙的那段时间里，细君公主非常悲伤，曾作了一首歌诗诉说自己的艰辛、痛苦和孤独：

> 吾家嫁我兮天一方，远托异国兮乌孙王。
> 穹庐为室兮旃为墙，以肉为食兮酪为浆。
> 居常土思兮心内伤，愿为黄鹄兮归故乡。[①]

汉武帝听到这首歌诗后心生怜悯，每隔一年就派使者送去帷帐、锦绣等中原之物，鼓励细君公主再接再厉地坚持下去，为汉朝与乌孙的通好继续努力。

猎骄靡年老时，让继位的孙子军须靡续娶细君公主。按照现在的理解，孙子娶祖父的夫人，简直是乱伦。但在古代，这实际上是传统的一种"烝报婚制"。"烝"是指父亲死后，儿子娶庶母；"报"是指兄、叔死后，弟娶寡嫂，侄娶婶母。汉朝时，中原地区已废弃这一制度，但在

---

① 《汉书·西域传》，中华书局，1962年，第3903页。

周边的少数民族地区还保留着这一传统。

细君公主在心理上接受不了，上书给汉武帝述说此事。没想到，汉武帝回复让细君公主顺从乌孙的风俗，嫁鸡随鸡、嫁狗随狗。于是，老国王猎骄靡去世后，细君公主只好嫁给了自己第一任丈夫猎骄靡的孙子军须靡。新国王军须靡即位后，细君公主为他生了一女。五年后，细君公主去世了。

细君公主一死，汉朝与乌孙的和亲就结束了。为了维系两国的友谊，汉朝决定再嫁一位公主过去，以交好乌孙。于是，汉朝便把楚王刘戊的孙女刘解忧封为公主，再嫁给乌孙国王军须靡。解忧公主到达乌孙，依旧被封为右夫人，与左夫人匈奴公主一起侍奉新国王军须靡。

当解忧公主还未适应西域的水土时，匈奴公主就生了一个儿子，取名泥靡，被封为王位继承人。军须靡死的时候，泥靡年纪还小。于是，军须靡立下遗嘱，让大禄之子翁归靡继承王位，并嘱咐说："等到泥靡长大，再把宝座传给他。"这样，翁归靡便继承了乌孙的王位。

翁归靡身宽体胖，号为"肥王"。翁归靡按照乌孙的烝报婚传统，娶了匈奴公主和解忧公主为左、右夫人。没想到，解忧公主嫁给翁归靡后又接连生下了三男二女，长子名元贵靡，次子名万年，幼子名大乐。这样，解忧公主子女成群，成了名副其实的乌孙国母。

翁归靡觉得解忧公主好，也就觉得汉朝好；对解忧公主好，自然也就对汉朝好。这样一来，乌孙与汉朝之间书信、人员往来不断，相亲相近，同进同退，与匈奴关系日益疏远。

就在这时，西域诸国之一的莎车国王去世，无人继承王位，最后朝臣们决定迎接解忧公主的次子万年为国王。之所以如此，正是因为莎车大臣们看重万年一半的汉王室血统。龟兹国王降宾一看莎车如此，也迎娶解忧公主的长女为妻，为的是成为汉王室的外孙女婿。汉朝的和亲政策，在解忧公主的和亲后达到了预期的效果，使得西域诸国对汉朝充满了善意与敬意。

汉昭帝时期，匈奴看西域诸国都倒向了汉朝，觉得"胡萝卜"不行，那就接着用"大棒"吧。于是，匈奴整顿兵马，拉拢车师国，威胁乌孙。解忧公主上书汉朝说："匈奴跟车师结盟，组织联军准备侵略乌孙，恳请母国援救！"

汉昭帝一听，认为汉朝必须维护西域诸国，便立刻调动兵马准备出击。没想到，汉朝兵马未动，汉昭帝却驾崩了，出兵乌孙的行动不得不停顿下来。

本始三年（前71），解忧公主和翁归靡联署的十万火急的文书又送到汉宣帝刘询面前："匈奴大军开始进攻，他们派出使节要求乌孙交出汉朝公主，与汉朝断绝关系。我们能出动五万精骑抵抗，请求母国派兵支援。"

盟国求援，汉朝必须出兵。这时，恰逢许皇后被毒死，汉宣帝刘询正在彻查许皇后死因。霍光一看求援信，立刻劝说刘询停止调查许皇后被毒死一案："军情十万火急，朝廷要齐心协力、全力以赴、集中精力出兵西域，保卫盟国安全。"言外之意，皇上不能因家事耽误国事，因个人情绪影响国家安危啊！

就这样，刘询调查许皇后之死的事情就搁置了。

这年秋季，刘询下令出兵，汉军分兵五路，夹击匈奴：第一路，御史大夫田广明任祁连将军，率四万余骑兵从西河郡出发，向北进攻；第二路，度辽将军范明友，率三万余骑兵从张掖郡出发，向北进攻；第三路，前将军韩增，率三万余骑兵从云中郡出发，向西北进攻；第四路，后将军赵充国任蒲类将军，率三万余骑兵从酒泉郡出发，向北进攻；第五路，云中郡太守田顺任虎牙将军，率三万余骑兵从五原郡出发，向西北进攻。

汉军五路齐发，直逼匈奴。刘询在诏书中要求各路大军寻机作战，攻击前进，并且这次作战必须深入两千里，全面扫除匈奴势力，使之不能、不敢、不再南下骚扰。与此同时，刘询任命光禄大夫常惠为校尉，前往乌孙持节督促、联络乌孙国，共同抵御匈奴。

匈奴壶衍鞮单于没想到汉朝居然动员了十五万大军远征，顿时傻了眼。其实，匈奴原本只是想吓唬吓唬乌孙，为其地位日渐下降的匈奴公主壮壮胆子，没想到却招来了汉朝与乌孙的二十万联军。"好汉不吃眼前亏"，匈奴壶衍鞮单于下令：匈奴大军立刻向沙漠以北撤退。

匈奴居住在现在的内蒙古和蒙古国一带，这些地区在农历秋季以后气候寒冷。为了避寒，匈奴的军队和家属已经都南迁到了沙漠以南，没想到汉朝居然选在秋冬时节出兵，简直是要了他们的老命。如今，既然打不过，那就三十六计走为上。匈奴军队撤退得很快，沙漠以南都没有其踪影。汉朝的五路大军长驱直入，只能抓获一些掉队的匈奴兵。

乌孙国王翁归靡亲自率骑兵五万人，跟着校尉常惠从乌孙往东北方向前进攻击，既没有找到匈奴的军队，也没有与汉朝的军队会师，结果误打误撞到了匈奴右谷蠡王的王庭中。

当时通信不便，匈奴其他部队临时开拔，没能与右谷蠡王及时联系上。当别的匈奴军队撤退后，右谷蠡王的王庭一下子突前，暴露在自西南向东北搜索进攻的乌孙军队面前。

乌孙五万骑兵突然出现，毫无防备的右谷蠡王王庭顿时陷入混乱。一顿厮杀过后，乌孙国军队大获全胜，战果如下：俘虏四万多人，其中包括单于的伯父、叔父、嫂嫂等贵族，还有公主、亲王、封王、都尉、指挥千长、骑兵将领等；缴获牛、马、羊、驴、骆驼七十余万头。这是汉朝对匈奴作战以来收获最多的一次。

汉朝那五路进攻的军队没有追上匈奴，最后只好班师回朝。其中，御史大夫田广明，以祁连将军的身份率军出征，这本是霍光专门留给他的美差。由于田广明在田延年案件中竭力要保全田延年而替霍光解了套，霍光让田广明率领的第一路军居中，西边还有韩增、赵充国两位名将呼应，他只要不冒失进攻，便能稳坐钓鱼台坐收头功。

可问题是，匈奴听说汉军进攻，立刻收兵撤退。这一撤退，彻底打乱了汉朝五路大军的对阵情形。田广明从西河郡出塞一千六百里，沿途没有遇到任何抵抗，只抓获了匈奴撤退时掉队的老弱病残十九人。

到达鸡秩山时，田广明的第一路军遇到了从匈奴回来的汉朝使节冉弘一行人，他们向田广明报告了一个听上去不错的消息：鸡秩山西方集结有匈奴的大部队，如果杀过去，可以立大功。

但这对田广明来说不是好消息：要是杀过去取胜了，自然立功；要是杀过去失败了，估计连小命都没有了。于是，田广明在鸡秩山下徘徊了很久，最后又找冉弘等人确认：你们真的看到了匈奴的部队？

冉弘等人没有理解田广明的意思，就把鸡秩山西边匈奴军队的详情又说了一遍。田广明气得咬牙切齿："你们胡说什么？我派人侦察了，西边什么都没有！"言外之意，既然什么都没有，我们就班师回朝吧！

御史公孙益寿却提出了抗议："这样班师，不是胜利，是逃跑。我们应该追击。"田广明坚持认为没有敌情，以御史大夫的名义下令公孙益寿闭嘴，然后撤军。这样，既然第一路军都撤了，其余四路军也只能配合田广明撤军。

这四路大军中，度辽将军范明友出塞一千二百余里到达蒲离候水，斩杀及俘虏七百余人。前将军韩增出塞一千二百余里到达乌孙，斩杀及俘虏一百余人。蒲类将军赵充国出塞一千八百余里到达候山，斩杀、俘虏匈奴单于使节蒲阴王以下共三百余人。虎牙将军田顺出塞八百余里到达丹馀吾水时，突然停止前进。

为什么呢？听说前面有匈奴军队屯聚，田顺便下令撤退。回来后，田顺呈报战果时，却说虽没有找到匈奴军队，但斩杀及俘虏了一千九百余人。

刘询清查各路大军的战果，立刻明白了怎么回事。按照刘询得到的情报，匈奴主力早已远去，尽管范明友、韩增、赵充国三位将领都没有到达规定的二千里，但过失并不严重，没有功劳也有苦劳，算是功过相抵。

但是，田顺距原定的目标太远，又假报斩杀及俘虏人数，临阵退缩；田广明明知匈奴在前而畏缩撤退。于是，刘询立刻下令将田顺、田广明二人交军法审判。在田广明退缩时，公孙益寿冒死劝阻，提升为侍御史。常惠出使乌孙，率领乌孙国兵有如此惊人的斩获，就封其为长罗侯。

有人可能要问了：刘询不是把朝政全部委托给霍光了，怎么他就亲自处理班师回朝的大将了呢？原因很简单，五路大军出师之前，许皇后被毒死了；五路大军出征时，霍光已经知道是自己的夫人派人下的毒手。毒死许皇后的事件，让霍光意识到自己不再是汉朝的忠臣，不再能理直气壮地维护汉武帝定下的原则。霍光认为，他唯一能做的是尽量平息夫人霍显惹下的祸患，一边协助皇室安葬许皇后，一边安排家事让女儿霍成君成为皇后。

史书上没有记载霍光这段时间的心路历程，但从他听到夫人霍显承认毒死了许皇后之后的"默然不应"的反应看，可以想象出霍光内心的挣扎。霍光受诏辅佐汉昭帝刘弗陵，率领大臣立昌邑王刘贺，再果断废黜刘贺，改立汉宣帝刘询，一直以兢兢业业、任劳任怨的忠臣形象出现在朝廷上，尽管他除掉上官桀、桑弘羊，压制田千秋，逼死田延年，但毕竟都是朝臣之争，目的都是维持汉朝政权的稳定局面。

然而，现在霍光的夫人霍显毒死了许皇后，这可是谋逆之罪，要祸及九族。朝臣虽然没有明说许皇后之死与霍光有密切关系，但让霍光心虚且理亏，因为汉朝人都相信"人在做、天在看"。这样，霍光理直气壮进行决策的信心没有了，因为夫人霍显毒杀了许皇后，他已成为汉王室的罪人。

霍光内心的变化，可能刘询没有看出来，但其对刘询的愧疚只有他自己知道。这样一来，理解了霍光在对匈奴用兵过程中的退让，就可以理解霍光虽然权倾朝野，但并非要篡夺皇位。霍光心里最想做的，是不负汉武帝临终托孤的信任，担起受诏辅政的责任。因此，当夫人霍显毒杀许皇后之后，霍光肯定很清醒地意识到：霍家如果继续这样下去，总有一天会遭受灭顶之灾。从此之后，霍光要做的是顺着刘询，尽力保全霍氏家族。

霍光让女儿霍成君入宫成为皇后的目的很简单，就是希望刘询能顾念他的拥立之恩、辅佐之功和翁婿之情，以给霍家一个稳定的未来。

当五路大军回朝时，刘询还没有同意迎娶霍皇后，他与霍光一起听取了战况。当田广明、田顺因为临阵畏缩需要惩处时，霍光意识到失去大司农田延年这个左膀之后，他又要失去御史大夫田广明这个右臂了。田延年和田广明这两个人掌管着朝廷的财政与监察，失去这两个人不重要，但重要的是霍光从此失去了对朝廷的直接控制。

不久，田广明、田顺在狱中自杀。六月，刘询任命自己信任的韦贤为丞相，任命魏相担任御史大夫。

魏相担任御史大夫，对霍光来说绝对是一个坏消息。魏相年轻时学习《易》，从郡中小吏起步，因人品好被举为贤良，入朝对策名列前茅，被任为茂陵县令。不久，御史大夫桑弘羊的属下来到茂陵，诈称桑弘羊要来，自己负责打前站。按照一般人的做法，县府肯定要兴师动众去迎接。但茂陵县丞没有按时去谒见，桑弘羊的属下就将县丞绑了起来。

魏相怀疑是这人冒充上级来敲诈勒索并立刻将其抓起来，问清罪行后判决在街头处死。大家一看，朝廷派了一个这么不要命的县令，连御史大夫的属下都敢治罪。打算作案的一看，要么趁早换个地方，要么就别在茂陵地界犯事了。以此立威，魏相把茂陵治理得井井有条。

随后，魏相升任河南太守，严肃法纪，让当地的豪强又敬又畏。丞相田千秋的儿子在洛阳武库任职，魏相丝毫不给田公子面子。田千秋去世后，田公子觉得自己不是遵纪守法的人，在洛阳久待迟早会出事，干脆就撂挑子跑了。魏相一听，私自离任还了得，派属下要田公子回来继续任职，但田公子吓得最终也没敢回来。

魏相也有自知之明，他时常感慨说："霍大将军要是听说这个武库令辞了官，一定会以为我是因为丞相死了而不礼遇其子，会让朝中大臣弹劾我。唉，我危险啦！"田公子回到长安，自然不能说自己因为害怕违法乱纪被魏相治罪，只说魏相如何残暴，让自己这个无辜、正直、善良的人待不下去。

霍光一听，觉得堂堂一个武官居然被文官魏相吓得要辞官，就责备魏相道："新皇帝刚刚即位，函谷关为京城卫所，武库储藏精良兵器，才派丞相的弟弟任函谷关都尉，儿子任武库长官。魏相看到丞相去世就斥逐其子，真是浅薄无知！"霍大将军轻描淡写地骂了几句，立刻就有属下出来一呼百应。

不久，就有人来举报魏相屈打成招，滥杀无辜。消息传到河南，河南戍卒中二三千名下层军官，纷纷要求为魏相作证，证明魏相光明磊落、治理有方；他们甚至愿意再多服一年徭役，来赎太守魏相子虚乌有的罪。河南百姓也觉得魏相冤枉，一万多人扶老携幼到函谷关要求入关见皇帝，请求不要把这位百年不遇的好官调离，更不要治他的罪。

守关的官吏把这事上报，霍光却更加坚定要治魏相的罪，虽然河南的官兵、百姓都交口称赞太守魏相的人品和官品，但他还是下令让廷尉前来调查。在霍光"欲加之罪"的指示下，廷尉便想着法子搜寻魏相的罪责，但无数人无数次地深入茂陵、洛阳调查，结果却一样：魏相没有任何违法乱纪的行为。

但是，霍光真的不相信有这么廉洁、这么勤劳的官，那当官还有什么意思。于是，霍光下令继续查。魏相就这样在监狱里待了很久，最终不是无罪释放，而是遇到朝廷大赦才走出监狱重见天日。

魏相走后，茂陵一带的治安又恶化了，河南老百姓不约而同地想到了精明能干、德才兼备的前太守。茂陵是安葬汉武帝的地方，如今皇帝坟头都不安宁，这是汉昭帝绝对不能容忍的。于是，汉昭帝重新任命魏相为茂陵县令。魏相一到茂陵上任，当地乌七八糟的大盗小贼、欺男霸女的官宦子弟立刻迁出了茂陵县界，根本不给魏相升堂问事的机会。后来，魏相升迁为扬州刺史。

魏相之所以引起负责考核官员的光禄大夫丙吉的注意，正是因为他们都清廉刚正。丙吉考察郡国的国相们时发现，官员要么德行有亏，要么才干不够，像魏相这样的有德有才的人实在难得，有了和魏相交朋友的想法。

"物以类聚，人以群分"，"德不孤，必有邻"，好人格外珍惜好人。丙吉写信给魏相说："朝廷了解你的政绩德行，一定会起用你。期望你处事谨慎，修炼秉性和才能。"魏相也很尊重丙吉，有意识地收敛自己的威严，谦虚谨慎地做人，不骄不躁地做事。两年后，魏相被征召到朝廷担任谏大夫，再度出任河南太守。刘询先征召魏相进入朝廷做大司农，随后升迁为御史大夫。

魏相的升迁靠的是自己的德行和能力，他两次出任茂陵县令、两次出任河南太守的经历，正说明他具有处理复杂问题的能力，尤其是善于治理乱局。魏相之所以蒙冤下狱，正是大将军霍光的淫威所致，虽不能说魏相是霍光的死对头，但魏相与霍光绝不是一路人则是人所共知的。

御史大夫的职责，是协助丞相处理政务，偏重于执法或纠察，不仅可劾奏不法的大臣，而且常奉诏逮捕、审讯有罪的官吏。魏相经过县、郡两级锻炼之后德才兼备，此时他作为御史大夫掌管着全国的监察事务。与此同时，老丞相蔡义去世了，由韦贤接任丞相。韦贤最擅长的是教书，最大的特点是厚道，他将很多事都交给魏相来处理。这样一来，对于外朝烦琐的行政事务，魏相成了实际的掌管人。

魏相出任御史大夫，意味着刘询已经为霍家找到了掘墓人。那么，霍家最后被埋葬是刘询的刻意报复，还是霍家的咎由自取呢？

第九章　霍氏灭族

地节二年（前68）春，大将军霍光病重。

刘询亲自到霍府慰问，看着当年威风凛凛的大将军如今卧在榻上奄奄一息的样子，禁不住潸然泪下。

此时，不知道刘询是想起了当年骖乘时的芒刺在背，还是想起了宫中风言风语的许皇后之死？或者，他是不是考虑到自己仍是霍光的女婿，翁婿一家？又或者，他是不是想到如果没有霍光，自己可能还是尚冠里一个一文不名的"待业青年"？可以肯定的是，刘询的伤感正是出于这种百感交集的心情。

病榻上的霍光期望刘询看在他兢兢业业为汉朝近四十年的苦劳上，保全霍氏一门。因此，霍光在病榻上上书，感谢刘询前来探望，并提出最后的请求——从自己的采邑中分出三千户给霍山。

霍山是霍去病的孙子。霍去病去世的时候，他的爵位冠军侯由儿子霍嬗继承。但霍嬗没有儿子，按照惯例，如果没有继承人，爵位就要被撤除。

霍光请求刘询将霍嬗的侄子霍山过继过去，为霍去病、霍嬗延续香火。此时，霍山任奉车都尉，管理皇帝的御车。

霍光这个请求的用意有二：一是提醒刘询不要忘了霍家为汉朝江山稳固立下过汗马功劳，要珍惜几代人凝聚起来的友情；二是尽可能地为霍家多谋几个差事，让霍家继续蒸蒸日上。

刘询立刻把此事交给丞相、御史，按规定报批后，下诏封霍山为乐平侯，并任命霍光的儿子霍禹为右将军。

汉制，皇帝是全国军队的最高统帅。在汉昭帝刘弗陵、废帝刘贺时期，以及汉宣帝刘询即位初期，军权实际控制在大将军霍光手里，霍光就是军队的统帅。在大将军手下设左将军、右将军，再往下则是车骑将军、骠骑将军、材官将军、楼船将军等。除此之外，还有各种荣誉性的将军称号，如祁连将军、度辽将军、蒲类将军、虎牙将军等。一旦进入作战状态，根据战时配属，则分为前将军、后将军、左将军、右将军、中将军遂行作战，而这时的左、右将军实际是带兵的人的称呼。

刘询直接提拔霍光的儿子霍禹担任右将军，一是他知道霍光的身体确实不行了，给他一个临终关怀；二是霍禹是霍皇后的哥哥，是自己的大舅子，让他接替其父的职位也是名正言顺。

三月八日，霍光逝世。

刘询用最隆重的礼节给霍光办丧事，他和上官太皇太后一起到灵堂悼祭。皇帝亲临官员府邸吊丧，是一项值得史家在史书中大书特书的殊荣，如《汉书》就对其进行了不厌其烦的描述。为了表示敬重，刘询下令赏赐霍光棺木葬器，让其享受了皇帝丧葬规格。刘询还征发河东、河南、河内三郡的士兵为霍光建墓室和造祠堂，并设三百人看护陵园。为了显示对霍光的敬重，刘询任命太中大夫任宣率领五个侍御史，一同拿着皇帝的符节为霍光操办丧事，同时中二千石的高官均在墓地现场监理。可以说，这几乎就是国丧的规格了。

下葬当天，刘询派材官、轻车、北军五校士兵列队，从霍府一直绵延到安葬的茂陵，用最隆重的仪式埋葬了大将军霍光。最后，刘询给霍光赐谥号宣成侯，算是做了盖棺论定。

霍光丧事过后，御史大夫魏相给刘询上了一份密奏："大司马大将军霍光已去世，要立刻提拔有功的高官接替，不然会引起争夺。建议由车骑将军张安世接任大司马，让他的儿子张延寿接任车骑将军。"

刘询立刻批准了魏相的一部分建议，任命张安世为大司马兼车骑将军，领尚书事，主管宫廷机要。霍光去世后，大将军一职空缺，右将军霍禹实际上主持了军队的日常工作，但现在调来张安世任大司马兼车骑将军，霍禹只能永久担任副职了。这是霍家的第一个不满。

不久，许皇后的父亲、昌成君许广汉又上了一份密奏：

> 自后元以来，禄去王室，政繇冢宰。今光死，子复为大将军，兄子秉枢机，昆弟诸婿据权势，在兵官。光夫人显及诸女皆通籍长信宫，或夜诏门出入，骄奢放纵，恐浸不制。宜有以损夺其权，破散阴谋，以固万世之基，全功臣之世。[①]

刘询看了奏折，回头问许广汉："那你说，该怎么办呢？"许广汉没料到刘询直接把皮球踢给了自己，一下子慌了。

为什么慌呢？这奏折不是许广汉自己写的。

[①]《汉书·魏相传》，中华书局，1962年，第3135页。

谁写的？魏相。

魏相把奏折写好后跟许广汉商量，许广汉一看觉得这主意好，就立刻封起来送来给刘询。

没想到，魏相的奏折光说让皇帝想办法，忘了提出解决办法了。

刘询看了看满头冒汗的许广汉，心里就明白了。随即，刘询又问道："那怎么解决霍家对尚书台的控制呢？"许广汉赶紧回话说："让我先回去想想。"

第二天，许广汉送来了解决办法——"臣下的奏疏以后不再经过尚书台"。依照汉武帝时形成的公文惯例，凡臣下上奏章给皇帝，要同时抄写两份。其中，副本送给尚书台，也就是送给主管机要的大臣，由其先打开副本审查。如果尚书认为不合适，就连同正本一起搁置；如果尚书审查没有问题，才会呈送给皇帝决策。现在许广汉建议废除副本，只将正本送给皇帝，一来可以防止尚书台泄密，二来可以杜绝尚书台截留奏折蒙蔽皇帝。

刘询知道霍光一直通过控制尚书台来控制朝政，这个措施一下子解决了霍家对朝廷的干预，自己可以直接绕过尚书来接收奏折、下达指示，也就是说自己可以直接处理朝政了。于是，刘询转身问许广汉："这是您的想法？"

许广汉看着刘询，不知道皇帝会不会再接着往深处问，只好如实地回答："是魏相的建议。"

刘询立刻给了魏相给事中的身份，让他入宫参与重要决策。

魏相的建议，实际上就是削弱霍家在军队、在朝廷的影响力。刘询心领神会，常常私下召见魏相，与他交换意见。在霍家看来，刘询居然和魏相亲密接触、紧密团结、秘密商议，以削弱霍家的影响力。这是霍家的第二个不满。

其实，在霍光去世后，霍家仍掌握着朝廷的要害部门。霍家作威作福久了，仍然习惯性地无法无天。例如，右将军霍禹、奉车都尉霍山同时扩建宅邸，没事就到皇家游乐场平乐馆纵马奔驰。中郎将霍云轮值入宫当班时，常常声称有病在身，私自溜出去率领大批宾客去黄山苑打猎。为了应付差事，霍云常常随便派一个随从替他进宫当值，朝臣们只能睁一只眼闭一只眼，不敢指责。

霍家子弟飞扬跋扈，霍家的家丁们也气势汹汹。一次，霍家家丁上街，正好遇到了魏相的家丁，双方为争夺道路吵了起来。霍光在世的时候，霍家的车马根本不需要通行证。因此，霍家的家丁从来都是想打哪个打哪个，但现在居然有人敢和自己争执，这不是反了天了，便按照霍光在世时处理问题的习惯追打别人到家。

霍家家丁先是集合起来闯进御史府大声辱骂，吓得那些侍御史们胆战心惊得不敢吭声，然后又要去踢魏相的家门。值班的侍御史大为恐慌，不知道如何才能阻挡。最终，侍御史们想到了一个最简单的解决办法：向霍家家丁下跪，叩头求情。

有意思的一幕出现了：一群朝廷任命的侍御史，被一群家奴逼得走投无路集体下跪，求他们不要去砸御史大夫的家门。这样，霍家家丁才谩骂而去。后来，辛延年写诗说："昔有霍家奴，姓冯名子都，依倚将军势，调笑酒家胡。……"

霍显听说此事后，不是让霍家人自省，而是敏锐地嗅到了某些信息。第一个信息是居然有人敢和霍家叫板。要知道，从来都是霍家人随便打别人的，现在居然有人敢出来还嘴了、对打了，这意味着在某些人眼里霍家的势力已被削弱了，这还了得？第二个信息是魏相被霍光关了几年，却从来没有搞定他，但现在他受重用了，这标志着皇上跟霍家不是一条心了。这是霍家的第三个不满。

霍光去世后，霍显就成了霍家的核心。霍显立刻主持召开家庭会议，警告霍禹、霍山、霍云说："你们三人合在一起，也继承不了大将军的事业。如今魏相进宫处理公务，一旦离间你们，你们还能活命吗？"她要求霍家子弟团结起来，不要被皇上和魏相利用。

这一提醒，霍禹、霍山想起来了：现在尚书台几乎看不到什么奏折，原来是副本被停用了。这样，皇上就可以绕过尚书，直接接受官员的建议和报告，这怎么能行？当年霍大将军在世的时候，拿着副本就直接把重要的政事处理了。

最让霍家不满的是，地节三年（前67）四月二十二日，刘询下诏册封九岁的刘奭为太子。在霍显看来，这直接断了霍家的后路，也摔碎了她的如意算盘。当年霍显毒死许皇后，为的就是让自己的女儿做皇后；而女儿做皇后，为的就是让她的儿子做太子继承皇位，只有自己的外孙当了皇帝，霍家的权势才可以长盛不衰。在霍显看来，立霍成君为皇后只是第一步而已。然而，霍皇后一直没有怀孕，梦想尚未实现。因此，霍显听说立太子之事后，气得吃不下饭，甚至还吐了血，并狠狠地骂道："这是他在民间时生的孩子，怎么能立为太子呢？要是皇后生了儿子，反而只能做王吗？"于是霍显要求霍皇后尽快去毒死太子。

更让霍显头疼的是，五月，刘询宣布有德无才的丞相韦贤退休；六月，调任有德有才的御史大夫魏相接任丞相，统领行政事务；现在任命德高望重的丙吉为御史大夫，掌管监察。八月十四日，刘询还任命张安世为卫将军，兼任未央宫、长乐宫卫尉，统管城门守卫并统率北军。为了安抚霍家，刘询提拔霍禹为大司马，接任霍光当年的职务，但没有印信，原先归霍禹节制的兵马转交他人管辖。

职务多高不重要，关键是手里的兵马有多少。霍禹被任命为大司马，却把兵权都交出去了，实际是明升暗降。为此，霍禹气不打一处来，便自称有病不再上朝。霍禹原先的长史、现在的太中大夫任宣前来探望问候，实际是代表刘询来做思想工作。霍禹说："我哪里有什么病？天子不是靠我家大将军，怎么能到现在的地步？如今，大将军坟上的土还没有干，皇上就疏远我们霍家，重用许家、史家。我死都弄不明白皇上到底想干什么。"

任宣见霍禹怨恨如此之深，就劝道："大将军的时代不可能再有了。他把持权柄，生杀予夺。廷尉王平、少府徐仁因冒犯大将军，被下狱处死。乐成之类却因为受大将军宠爱，官至九卿，封为列侯。冯子都、王子方之类的家奴，不把丞相放在眼中。一朝天子一朝臣，许家、史家是天子姻亲，您实在不应该与他们比，更不应该心怀怨恨啊。"霍禹听后沉默不语，不久就正常上朝了。

接下来数月，刘询进行了一系列的人事调整：免去霍光女婿度辽将军范明友的未央卫尉之职，升任光禄勋，担任皇帝顾问；免去霍光女婿赵平骑都尉之职，留任光禄大夫；调任霍光女婿长乐卫尉邓广汉为少府；调任霍光女婿中郎将、羽林监任胜为安定太守；调任霍光姊婿给事中、光禄大夫张塑为蜀郡太守；调任霍光孙女婿中郎将王汉为武威太守。

这次大规模的职务调整，有两个规律：一是将霍家子弟从掌握军权的实职调任不再掌握实权的虚职；二是将霍家子弟从朝廷要害部门调至地方任职。这样一来，守卫长安的胡越兵、羽林军以及未央宫、长乐宫警卫部队、城防部队中的霍家子弟全部被调离，由刘询安排许家和史家的子弟接替。

眼睁睁地看着霍家的权势被剥夺却无能为力，霍显便常与儿子霍禹、侄孙霍山、霍云聚在一起长吁短叹、流泪伤感，商量该如何应对。

霍山认为："皇上信任的魏相出任丞相，把大将军制定的法令全都变更，还有意无意言及大将军的过失。皇上重用大将军的仇人，听信他们的议论，他们还可以通过密奏攻击霍家，指控我们骄傲霸道、横行不法。特别是现在采用密奏，由中书令直接收受，不经过尚书台，我们根本不知道朝廷的动态。看来，皇上已经不再相信我们。"

霍显问道："魏相屡次说我们家的事，难道他就没有把柄吗？"

霍山答道："魏相廉洁正直，哪能找到把柄？但是，我们的弟兄们和女婿们大多行为不谨。现在民间更是盛传说霍家毒杀了许皇后，真有此事吗？"

霍显顿时沉默不语。等大家都盯着她时，她才一字一句地说："许皇后是我派人毒死的！"

霍禹、霍山、霍云顿时惊呆了，这是他们听到的最可怕的消息。镇定下来之后，他们马上意识到霍家已经成了一条绳上的蚂蚱，没有退路了："真要是这样，为什么不早让我们知道？现在皇上把霍家女婿都贬逐到外郡，就是因为这是一件罪恶滔天的大事，一旦被查出来，我们怎么办？"

道路只有一条，那就是政变。这样，只要成功，就能彻底拯救霍家。

就在霍家人磨刀霍霍时，刘询直接下诏："九月十九日发生地震，让我感到恐惧，因为我的过失，上天提出了警告。可能是我们在边疆用兵太久，劳民伤财。为了应对上天警告，车骑将军张安世、右将军霍禹掌管过的两支军队全部解甲归田，我们休养生息吧。"

霍家的旧部被解散了，外援没有了。这样，霍家如果想要造反，只能霍家子弟武装起来自己动手了。此时，霍家觉得原先看似懦弱的刘询现在之所以能够刀刀见血，全是魏相给出的主意，因此当务之急是除掉他。于是，霍山说："魏相擅自减少皇上宗庙的祭祀用品，这是大罪。我们可以此为借口来除掉魏相。"

"国之大事，在祀与戎"，古人认为祭祀和打仗都是马虎不得的大事。汉高祖刘邦去世后，吕太后曾下过一道诏令："擅自讨论祭庙事情者，街头斩首。"在霍山看来，魏相擅自减少宗庙祭祀用品，要比私下议论祭祀的事情更严重。

可是，霍家手头没有兵，怎么诛杀魏相呢？霍显和霍家子弟绞尽脑汁，也没有找到一个好办法。

霍云的舅父叫李竟，他有个好朋友叫张赦。张赦发现霍云的家丁们不似往年威风，就问李竟怎么回事。李竟说："现在是魏相、许广汉家的天下，我们还不得夹着尾巴做人。"张赦一听，说："这还不好办，请太夫人同太皇太后说一声，杀掉这两个人，然后叫皇上搬家让位。当年不就是太皇太后一句话，昌邑王就被废了？"

李竟一听，觉得这主意不错，既然太皇太后当年一句话就可以废掉刘贺，我们现在何不再如法炮制呢？于是，李竟就郑重地向霍家子弟们提出了这个方案。

经过一番讨论，霍家决定依计而行：由上官太皇太后出面，宴请刘询的外祖母，邀请魏相、许广汉等人作陪。在宴会上，由霍家的两个女婿范明友、邓广汉亲自动手，声称奉上官太皇太后之命当场处决这些人。然后，攻入皇宫罢黜刘询，拥立霍禹做皇帝。

密谋已定，正待确定何时动手时，他们的密谋泄露了。原来有一个叫张章的人，有个亲戚在霍家当马夫。张章去看亲戚，不知不觉天晚了，就在霍家马厩亲戚的床铺上过夜。张章在似睡非睡间，听到了马夫们商量如何支持霍家子弟的政变计划。张章吓得一下子就醒了，他不敢吱声，只能继续装睡。好不容易熬到第二天一早，张章立即从霍家跑出来，决定告发霍家。

张章径直走向了皇宫，说要报告重大情况。当值的侍卫董忠拦住张章说："有什么话你跟我说！"张章说："我要向您的长官汇报。"于是，正在当值的左曹杨恽接待了张章，刚听了大概就觉得事情重大，便向当值的侍中金安上汇报。金安上与当值的侍中史高一商量，认为事不宜迟，必须立即上报。张章写成书面材料向皇上报告，并建议不要让霍氏进入宫禁。

　　情况紧急，刘询立刻批示，由负责司法的廷尉、负责京城警备的执金吾处理，立刻逮捕了张赦等人。张赦只是给霍家出主意的人，马夫们也不过是议论而已，他们并不掌握霍家是否决定行动的消息。因此，审讯的结果上报后，刘询认为可能是子虚乌有，便下令不再追究。

　　霍山听闻后却十分恐惧，就与大家商量："皇上看在上官太皇太后的面子上，没有扩大事态，但猜忌怀疑留在心里一旦发作，可以随时剿灭霍家。现在，与其坐以待毙，不如先行下手。"

　　于是，霍显要求女儿们回娘家召开家庭会议，决定立刻动手。霍家女儿回去把决定通报给丈夫，要求女婿们集体参与政变，而霍家女婿们也纷纷明确表态坚决支持霍显的决定。在审讯张赦时，张赦已经招供跟李竟说了这个主意。于是，顺藤摸瓜，李竟也被逮捕了。一审讯，不但发现李竟私下结交亲王、侯爵，他还供认已经将这个方案汇报给了霍云，且霍家已经制订了政变计划。

　　刘询一看新的供词，立刻下令免去霍云、霍山一切行政职务，保留侯爵待遇，在家反省思过。因此，霍家还没有来得及实施政变，刘询就已下令将其全部控制。元康元年（前65）七月，霍云、霍山、范明友畏罪自杀，霍显、霍禹等人被捕。霍禹以大逆不道之罪被腰斩，霍显及其女儿、女婿们全部被斩首。霍家仅存被废的霍皇后，一直被囚禁在昭台宫。

　　这场谋反案牵连到几千家贵戚，大量官员受到株连，就连坚决支持刘询的太仆杜延年也因为是霍家的长期合作伙伴被免职。

　　对汉宣帝刘询铲除霍家，史家有着不同的看法：

　　一种看法认为霍家确实做得太过分了，咎由自取。例如，班固就认为霍家目无法纪，不懂收敛，最终酿成大祸：

> 光不学亡术，暗于大理；阴妻邪谋，立女为后，湛溺盈溢之欲，以增颠覆之祸，死财三年，宗族诛夷，哀哉！ ①

　　霍光去世后，刘询高度评价了霍大将军的一生，称赞他为朝廷立下了不可磨灭的功勋。然而，霍显把表面的客气当成了霍家炫耀的资本，不仅改变了霍光生前自己设计的墓地规制，擅自扩大面积建起有三个出口的门阙，修筑神道，大肆装修祠堂，而且还押送平民和选取奴婢、幽禁侍妾为霍光守墓。这是逾制。

　　霍显又扩充住宅，建造与皇家一样规格的舆轿、辇车。其中，辇车的褥垫用锦绣做成，车身用黄金缠裹，并用皮革、棉絮包住车轮外缘，由侍女用五彩锦缎拉着霍显在庭园游览、玩乐。这是僭越。

　　霍家的总管冯子都，深得霍光信任。霍光去世后，霍显与冯子都同进同出，全然不顾自己作为皇帝岳母的形象。这是失态。

　　这一种观点认为，霍光去世后，霍家上下听从霍显的指挥，张牙舞爪地把刘询逼到了墙角。刘询忍无可忍，才把霍家灭族。理由是，刘询曾打算任命霍云为玄菟郡太守。玄菟郡位于辽宁东部，面积不大。派霍云到玄菟郡担任太守，实际上削弱了霍家在朝廷的影响力。但为了防范

---

① 《汉书·霍光金日磾传》，中华书局，1962年，第2967页。

霍云造反，刘询还任命自己信任的太中大夫任宣出任代郡太守。代郡位于河北东北、辽宁西南。这一安排，既可以防范霍云造反，又隔断了霍云与长安的密切联系。刘询还将霍家的其他女婿分派到各地，使他们无法合兵，这样就逐渐削弱了霍家的势力，实现了局势平稳过渡。可以说，刘询最初并没有打算对霍家斩草除根。

另一种观点认为这是刘询有意纵容霍家，意在一网打尽。司马光在《资治通鉴》中说：

> 虽然，向使孝宣专以禄秩赏赐富其子孙，使之食大县，奉朝请，亦足以报盛德矣；乃复任之以政，授之以兵，乃事丛衅积，更加裁夺，遂至怨惧以生邪谋，岂徒霍氏之自祸哉？亦孝宣酝酿以成之也。[1]

司马光认为刘询明知霍家骄奢淫逸，却不加约束，反而不断加封爵位，霍家子孙不知自省、毫无约束，最终走上谋反之路。这是刘询"养虎打虎、养猪杀猪"的策略。特别是在事发之后，刘询直接将霍家灭族，太过于刻薄寡恩了。

为了证明自己的看法有道理，司马光记述了山阳郡太守张敞所卜的密奏。张敞认为，霍家权势太大，应该在褒扬霍光功勋时解除霍禹、霍山、霍云的职务，让他们回家休养；对张安世应该赐赠手杖茶几，让其

---

[1]《资治通鉴·汉纪十七》，中华书局，1956年，第821页。

致仕，以此安抚他们，时常慰问召见，实现朝政的平稳过渡。与此同时，张敞还提出了具体的策略：由大臣出面提出这个建议，皇上表示拒绝。群臣据理力争，皇上勉强允许。这样就会皆大欢喜，天下会认为皇上不忘旧勋，霍氏家族可以无忧无患地生活。最后，张敞还自告奋勇地表示，如果没有人敢说，我愿意到长安提出这个建议。[①]

司马光认为刘询欣赏张敞的策略，却并未征召他前来长安，说明刘询并不打算和平解决霍家的问题。司马光还认为在霍家气势最盛时，茂陵人徐福也曾上书说："霍姓家族必然灭亡。他们生活奢靡、桀骜不驯，一定会犯上作乱。"徐福还给刘询提出了建议："霍家恶贯满盈，皇上若厚爱他们，应该严格管束，不要坐等他们覆灭！"可惜徐福上书三次，接到的却是刘询这样的批示——"知道了"。

历史从来只能解释，不能假设。在刘询的诏书中，可以看出他确实有所犹豫。刘询说：

> 乃者，东织室令史张赦使魏郡豪李竟报冠阳侯云谋为大逆，朕以大将军故，抑而不扬，冀其自新。今大司马博陆侯禹与母宣成侯夫人显及从昆弟子冠阳侯云、乐平侯山诸姊妹壻（婿）谋为大逆。……咸服其辜，朕甚悼之。诸为霍氏所诖误，事在丙申前，未发觉在吏者，皆赦除之。[②]

---

① 参见《资治通鉴·汉纪十七》，中华书局，1956年，第818页。
②《汉书·霍光金日䃅传》，中华书局，1962年，第2967页。

刘询说他曾期望霍家能够反省，不要轻举妄动。在皇位没有受到威胁时，刘询尚能自信地控制局面，或许并不想将霍家一网打尽。但当霍家制订政变计划并开始付诸执行时，刘询与霍家便势同水火，无法调和。谋逆是灭族之罪，刘询最终只能选择将霍氏一族斩尽杀绝。

历史有时很轻松，可以戏说；有时很沉重，让人唏嘘。刘询经历了芒刺在背的六年，才熬到霍光去世；又经过了如坐针毡的三年，才把霍氏彻底平定。这是对刘询个人意志的锤炼，也是西汉朝廷得以平稳过渡的关键。

从这时起，刘询亲自执掌朝政，系统地修补从汉武帝后期开始积累起来的乱政、苛政，励精图治，用汉家制度促成了西汉中兴。

第十章　整顿吏治

汉朝的地方管理实行郡国并行制，就是同时实行分封制（封建制）和郡县制，即封国和郡县并行。封国是封给高祖刘邦子孙的，皇帝分封刘姓子孙为诸侯王，除相、丞由中央政府任命，其他官员则由诸侯王自己任命，同时诸侯王还拥有一定的军权、财权和治权。郡县是由中央政府任命太守、县令等出任地方长官，直接管理地方的具体事务。刘询很清楚，要将天下治理好，必须把地方的太守、县令选拔好。选对一个人，在朝廷可以激励一大群人，在地方可以影响一大批人；选错一个人，在朝廷会挫伤一大群人，在地方可能扰乱一大批人。刘询觉得要想理好乱政、苛政，就必须从选好太守入手。

所谓的乱政，就是有些州郡盗贼蜂起、治安混乱，成为社会治理的老大难地区。当时，最让朝廷头疼的是渤海郡。渤海郡位于现在河北、辽宁沿渤海一带，是西汉的边远地区，平时勉强自足，一遇荒年就百姓饥馑，盗贼便蜂拥而起。太守能力不足，根本无法维持治安。

刘询决心改变现状，准备物色一个能吏前往，于是让丞相、御史推荐合适的人选。

推荐的名单报上来后，刘询一看，原来是龚遂。

龚遂曾担任昌邑王刘贺的郎中令，苦苦劝谏刘贺多读书学习、修养身心。可刘贺就是不听，辜负了龚遂的苦口婆心。刘贺被废后，龚遂被处罚，做了四年苦役。

此时，龚遂已经七十多岁了。刘询并不了解龚遂，决定亲自考核。由于龚遂个子矮小，刘询一看有些失望：我要找个太守去稳定渤海郡的治安，这么个瘦老头子行吗？顿时，刘询心中打了个问号，他耐着性子问："你打算用什么办法治理渤海郡，对消灭盗贼有什么想法？"

龚遂回答："渤海远在海滨，距离长安遥远，自古缺少教化。百姓不知道什么是对、什么是错，做事凭直觉，就容易违法犯罪。他们生活艰难，饥寒交迫，人若无以为生，就容易铤而走险。官吏不知道教化，遇事就说是刁民造反，要严加惩处；百姓不服，便起来闹事。久而久之，形成恶性循环，于是盗贼四起。当地百姓佩戴刀剑，不是为了造反，而是因为秩序混乱，人人需要自卫。陛下，您觉得是镇压他们好，还是安抚他们好？"

刘询觉得看似弱小的龚遂却敏锐地抓住了问题的关键，便对他说："我选用贤能，当然是要用平和的手段，从根本去解决问题，让渤海郡恢复秩序。"

龚遂这才说出自己的治理策略：

> 臣闻治乱民犹治乱绳，不可急也；唯缓之，然后可治。臣愿丞相、御史且无拘臣以文法，得一切便宜从事。[1]

---

[1]《汉书·循吏传》，中华书局，1962年，第3639页。

龚遂认为重典只能治标，教化才能治本，要发展生产让百姓衣食无忧，不再铤而走险，这样就能恢复秩序。刘询批准了龚遂的建议，赐以黄金，亲自送行。

渤海郡的官员听说新太守驾到，为保护太守安全，派出带着刀、箭的兵士前往迎接。龚遂一看浩浩荡荡的军队，便叫他们回去。随后，龚遂颁布了第一道命令——撤销渤海郡各县捕捉盗贼的机构，并在命令中说："从今往后，携带锄头、镰刀的农民，官吏不准打扰；携带武器而不从事生产，到处游荡者才算是盗贼，可以严加防范。"然后，龚遂单独乘车到郡府就职。

渤海郡的盗贼听闻新太守的命令后，立刻抛弃刀剑不再游荡，有的还拿起镰刀、锄头回家耕种。这样一来，盗贼几乎消失了，自然抓盗贼的官员也就没事干了。孟子说："君之视臣如手足，则臣视君如腹心；君之视臣如犬马，则臣视君如国人；君之视臣如土芥，则臣视君如寇仇。"[1]换句话说，如果官府把百姓视为盗贼，那么盗贼就会越抓越多。龚遂相信百姓都是好人，官逼才导致民反，那就先裁撤扰民、防民、抓民的机构赢得百姓信任。这样不到一个月，渤海郡的盗贼越来越少，百姓开始安居乐业。

为恢复生产，龚遂把粮食借贷给贫民，让他们能够生存；让原先负责治安的官员，改行从事农业服务，鼓励农民耕地、畜牧、养马。不过，龚遂发现这样做的改善效果并不明显，原来渤海郡的百姓有经商的传统，

---

①《孟子集注·离娄下》，载《四书章句集注》，中华书局，1983年，第290页。

不愿意耕田、种地、养殖。于是，龚遂亲自做表率，规劝百姓耕田、养蚕，并按各家人口多少规定种植多少树、养多少家畜，让百姓一点点认识到只有搞好农业生产才能解决吃饭问题。遇到携刀带剑者，龚遂让他们把剑卖掉买牛，把刀卖掉买犊，并常说这样一句话："为什么把牛佩到身上，把犊挂在腰间，看似威武，却宁肯忍饥挨饿、生活艰难？"

龚遂的苦心劝告和经常巡查，最终改变了百姓的观念。生产抓好了，就能解决人的吃饭问题；吃饱了饭、有了积蓄，人就不会铤而走险。渐渐地，没有了抢夺偷窃，治安也日渐好转，最终连打官司的人都很难找到了。经过几年治理，渤海郡政通人和，百姓安居乐业。然后，刘询就把龚遂调回了长安，任命其担任水衡都尉，管理皇室资产。

龚遂的经历表明了两点：一是人还是那样的人，关键是怎么使用。龚遂做刘贺的臣下，只能哭着劝谏，连一个封国都治理不好；但在刘询治下，却成为名闻天下的治郡能吏。二是要想让百姓变成什么人，就得相信他们是什么人。换句话说，官府要相信百姓，依靠百姓，只有认为百姓是好百姓，官府才能做个好官府。

龚遂治理渤海郡靠的是能力，黄霸治理颍川郡靠的却是德行。黄霸就是那位在监狱里跟夏侯胜学了三年《尚书》的丞相长史，他最大的特点是性格宽厚、作风谦和，有长者风范。颍川郡是一个人口多、社会繁杂的大郡，他是怎么治理的呢？

黄霸一到任，先是解决最穷困百姓的生存问题。用现在的话说，就是将扶贫、救济和恢复生产结合起来。他下令各驿站、县乡，利用官衙的空地养鸡、养猪，救济鳏夫、寡妇和贫民，形成官民一家亲、全郡乐融融的社会风气。温饱问题解决后，黄霸便推行教育，设置负责教育的父老、负责督学的师帅、负责治安的伍长等，通过提倡教育引导年轻人知书达理，遵守秩序。

黄霸喜欢深入民间。一是鼓励百姓能耕地的耕地，能养殖的养殖，或种树植麻，把日子过好。二是教化百姓多做善事，少做坏事，不做恶事，节俭用度，不要把钱浪费在表面排场上。黄霸没事就到乡间跟百姓聊天，从调查研究中发现问题，回去后总结反省，找到症结所在对症下药，解决问题得心应手。

黄霸长于调查，又善于发掘问题，但部属们只知道他解决问题的手段很高明，却不知道他实现得更高明。其实，很简单，就是谦虚认真、用心做事。因此，黄霸的部属不敢有一丝一毫的欺瞒，奸猾者一看太守这么认真，觉得在颍川没有立足之地，只能一逃了之。这样一来，颍川郡境内的治安日渐好转。

黄霸得到颍川郡官民的拥护，在于他为人厚道。当时，许县的县丞年纪已老，双耳全聋，负责督察官员的督邮要求将其免职。黄霸说："他虽说年纪大一些，可身体健壮，坐、立、出入、迎送能应付自如。我们要用他，不能让贤人失望！"这只是表面理由，真正原因是黄霸觉得政府要少折腾。黄霸认为不断地更换幕僚，免不了既要送旧又要迎新，会多出一笔开支。尤其是新旧交接之际，有些官吏就会乘机藏匿档案，窃盗公家财物，但由此产生的负担都要加在百姓身上；而新幕僚又未必都贤能，万一不如旧任，就会陷于混乱。因此，黄霸觉得行政管理做到一条就赢了一切：防范坏人，远离小人。

黄霸宽和厚道，内心明达，得到了颍川郡官吏、百姓的爱戴。刘询专门下诏表彰：

> 颍川太守霸，宣布诏令，百姓乡化，孝子弟弟贞妇顺孙日以众多，田者让畔，道不拾遗，养视鳏寡，赡助贫穷，狱或八年亡重罪囚，吏民向于教化，兴于行谊，可谓贤人君子矣。[①]

黄霸担任太守八年，把颍川郡治理得路不拾遗、夜不闭户。班固在《汉书》中评价黄霸"治为天下第一"。

其实，让一个地区一段时间发展得蒸蒸日上不难，只要出政绩就行；难的是能让一个地区持续发展，才是真正的长治久安。从龚遂和黄霸的任用上，刘询意识到太守是国家安定的基石，不能经常变更。如果百姓知道太守会在任很久，就不敢轻易欺骗他、敷衍他，才能真正相信他要做的是长久的事，而非短时间的形象工程。因此，刘询在位期间，太守任职比较固定，不轻易变动。如果发现太守成绩斐然，刘询就下发正式诏书勉励褒扬，或增加薪俸，或赏赐金钱，甚至封为关内侯。当公卿出缺，刘询就在受过表彰的太守中遴选，依照等次顺序擢升任用。刘询在位期间，是西汉政治最为清明、官员最清廉的时期。

治乱在于治吏，刘询选用德能兼备的官吏只是第一步，他还要对自秦汉以来形成的苛政进行改革。

---

① 《汉书·循吏传》，中华书局，1962年，第3631页。

什么是苛政呢？"苛"字的本义，是小草。苛政，就是政令烦琐、繁杂导致百姓动辄得咎，官员想要整治百姓时随时都能找到法条律令，并对百姓上下其手。孔子曾感慨："苛政猛于虎。"[①]意思是百姓赋税太重，但更深层的含义是说官员没事就折腾百姓：老百姓若守法就什么都做不成，一贫如洗，只有违法才能挣到钱；但一违法就会被官员抓住把柄，随时会被传唤，随时会被敲诈勒索。这样一来，官府的权力越来越大，百姓的生活越来越艰辛。

秦汉以来的苛政，从司法层面来说有三个特点：

一是株连太广。汉武帝在位时，曾让张汤、赵禹制定了一个罪名叫"知情不报罪"，就是知道别人犯法而不举报将被视为有罪。如果发现某一位长官有罪，部下就会被连同处刑，原因是他们天天看着长官违法而不上报，这样一个案子动辄株连几十人、上百人。汉武帝后期的太子刘据谋反案、汉昭帝时期的燕王谋反案、汉宣帝时期的霍家谋反案，都牵连了成千上万人。

二是酷刑太重。汉武帝时法官、狱吏可以使用酷刑逼供，却不承担罪责。但这样做，不仅无法遏阻犯罪，反而使得法官、狱吏玩弄法令，靠刑讯逼供去推论定案，造成了大量的冤假错案。

三是法令太多。各郡、各封国使用的法律条文常常冲突，导致不同的法官对同样罪行的判决却不一样。奸猾的法官、狱吏就会利用法律的

---

① 《礼记正义·檀弓下》，《十三经注疏》整理委员会整理，北京大学出版社，1999年，第310页。

漏洞和空子来收受金银财宝，使得判决就像在做交易。如果要想让囚犯活命，就引用可以使他活命的条文判案；要想陷害囚犯，则引用可以使他非死不可的条文判案。

西汉最典型的冤狱，就是广泛流传的东海孝妇案。东海郡有位善良的孝妇叫周青，很早就死了丈夫，又没有儿子，但仍周到细致地赡养婆婆。婆婆想让周青再嫁，她坚决不肯，愿意侍奉婆婆终老。婆婆心里过意不去，就对邻人说："儿媳妇侍候我确实辛苦，她没有儿子又守着寡，将来她老了怎么办？我已经老了，不能这样拖累年轻人。"婆婆为了儿媳妇的未来，自己上吊自杀了。没想到，婆婆出于好心的举动，却给儿媳妇周青带来了杀身之祸。话说婆婆的女儿，也就是周青已经出嫁的小姑，听说母亲自杀后便到官府告状，说周青杀了自己的婆婆。于是，官府拘捕了周青，并百般拷打。周青实在受不了折磨，承认自己有罪。狱吏于公认为周青赡养婆婆十多年，以孝顺出名，不会杀人。太守却不接受于公的意见，理由很简单：周青已经认罪，就可以定案。于是，于公争辩未果，抱着供词在太守府门口痛哭一场，然后辞官而去。

按照汉律，太守决定处决周青。周青觉得自己冤枉，就请求用车载着十丈长的竹竿，上悬五色长幡，并当众立誓："我若有罪，处死后血会顺着长幡流下；若是冤枉，血会向上倒流。"周青被斩首，她的血居然是青黄色的，先沿着竹竿往上流，到了竿顶才又沿幡流下。笔记小说中记载了这个不可思议的情节，叙述了周青时代百姓无法诉说的冤屈已经到了天怒人怨的地步。为了印证这一点，史书中还增加了更为恐怖的一条——"东海郡大旱三年"。

东海郡新太守到任后，面对寸草不生的荒原，开始调查全郡三年不下雨的原因。于公说："那个孝妇不应当死，前任太守一意孤行，闹得天怒人怨，或许是大旱的根源。"新太守抗旱的第一步是亲自前往孝妇周青的坟墓前祭奠，算是间接给她平了反。没想到，祭拜之后，天空立刻降下了大雨。这一年，东海郡的收成很好。

东海孝妇的这个故事在民间流传很广。元代文学家关汉卿便以此为雏形，创作了著名的戏曲《窦娥冤》。在东海孝妇这个故事中，孝妇周青实际上就是被屈打成招，最终被太守判了死刑。以现在的眼光看，孝妇周青案是刑讯逼供、玩忽职守造成的冤案，但在当时的司法实践中确实是合乎程序的，人人皆无错，却造成了如此大的冤案。

刘询时期的廷尉史路温舒意识到了这个问题的严重性，他上疏指出西汉最大的弊政在于司法腐败：

> 臣闻秦有十失，其一尚存，治狱之吏是也。……今治狱吏则不然，上下相驱，以刻为明；深者获公名，平者多后患。故治狱之吏皆欲人死，非憎人也，自安之道在人之死。是以死人之血流离于市，被刑之徒比肩而立，大辟之计岁以万数，此仁圣之所以伤也。……故囚人不胜痛，则饰辞以视之；吏治者利其然，则指道以明之；上奏畏却，则锻练而周内之。盖奏当之成，虽咎繇听之，犹以为死有余辜。何则？成练者众，文致之罪明也。[1]

---

① 《汉书·路温舒传》，中华书局，1962年，第2369—2370页。

路温舒认为：秦的弊政很多，汉朝大多已经更正，但司法改革却一直没有彻底进行。司法系统以能结案、能断案、快断案作为标准，抓住犯罪嫌疑人就严加拷打。拷打得越惨，刑判得越重，在司法系统的考核中就越被称为贤能。迫害百姓深入骨髓的，往往会成为优秀的司法官员，会获得朝廷的嘉奖，这便形成了刑讯逼供的传统。苦刑拷打之下，当嫌疑犯无法忍受痛苦时，审讯者就暗示他顺着司法官员的预想来交代。如果嫌疑犯不理解，审讯者就索性告诉他如何招供。定案之后往上级呈报，为了避免被驳回，司法官员就想方设法把案件做成死案，使被告陷入密不透风的法律罗网中。这样，判决书形成时就是一件天衣无缝的文件，明察秋毫的司法官员只看案卷就会认为罪犯死有余辜。因此，路温舒请求刘询删减法令规章，谨慎刑罚，缓解百姓的苦难，以求天下太平。

刘询非常重视路温舒的建议，下诏严禁司法官员玩弄律法条文，并在廷尉增设四位廷尉平，专门负责复核案件，避免冤假错案。每年秋后处决罪犯时，刘询会亲自到宣室殿沐浴斋戒，严格核查案件，丝毫不敢大意。可是，司法弊病积重难返，刘询无法改变长期以来形成的司法传统，只好采用了救急之法：任用为人宽厚的丙吉担任御史大夫，选用性情平和的于定国出任廷尉，让这两个宅心仁厚的人来复核把关。

于定国是东海郡狱吏于公的儿子，他从小就跟随父亲学习律法，任过狱吏、郡决曹等官职。后补廷尉史，专门办理上诉案件。因才智出众、办案有方，升为侍御史、御史中丞。刘询即位后，于定国被破格提升为廷尉。

于定国为人谦虚恭谨，凡是前来拜访的人，皆平等相待、照顾周全，备受士林赞誉。刘询选取这样一个性情柔和、宅心仁厚的人担任廷尉，目的是以宽厚的官员来宽简严酷的司法。于定国不负重托，担任廷尉十八年，判案公允，能体恤鳏寡孤独，遇到案件常从轻发落。当时，朝廷流传着一句话："张释之为廷尉，天下无冤民；于定国为廷尉，民自以不冤。"[1]张释之是汉文帝时的廷尉，以执法公正不阿著称；于定国以善于决疑平法著名，是刘询整顿吏治的得力助手。为了肯定于定国的人品才干，刘询将长女馆陶公主刘施嫁给了于定国之子于永，以示信任器重。

与此同时，刘询坚决惩治那些滥用刑罚、玩弄律令、无法无天的太守。其中，撞到枪口上的有两位太守，一位是赵广汉，另一位是严延年。

赵广汉是能吏，他于本始三年（前71）任颍川太守。当时，颍川郡帮派林立，土豪劣绅结党营私。刘询派赵广汉去的目的就是扫黑除恶，铲除豪强。赵广汉一到任，就在郡府门外设一个竹筒，接受百姓举报控诉。这样一来，百姓官吏你告我、我告你，帮派之间的信任顿时瓦解，强盗、劫匪立刻绝迹。赵广汉主张露头就打，颍川郡的治安迅速好转。赵广汉一度被视为最能惩治豪强的干吏，连匈奴人都知道他的大名。于是，刘询将赵广汉调到长安，担任京兆尹。

赵广汉能力出众，一是在于他知人善用。他了解部下的所作所为，也能判断他们是不是尽了力。如果有人欺骗他、戏弄他，他就将之逮捕入狱，毫不手软；审讯证据确凿的，马上定罪，毫不迟疑。有一次，长

---

①《汉书·于定国传》，中华书局，1962年，第3043页。

安城几个恶少在一个荒僻的空屋里商量如何抢劫，军吏便破门而入，直接抓了现行。二是在于他对待属下殷勤周到。有功劳、有奖赏时，他全部分给部下，他这么做不是管理手段，而是发自至诚之心。因此，部下信任他，都乐于受他差遣。赵广汉还喜欢任用官宦子弟和刚入职的官吏，在于官宦子弟懂法，刚入职的官吏有初生牛犊不怕虎的勇气，敢于勇往直前，不畏权贵。

在赵广汉的治理下，长安政清人和，治安良好，百姓赞不绝口。有些老人甚至认为自从汉王朝建立以来，没有任何一位京兆尹能胜得过赵广汉。赵广汉依靠得力干将维护了京城治安。

不过，时间一长，赵广汉却因袒护部下，利用律令制造了不少冤案。

有一次，赵广汉的一个门客在长安酿造私酒贩卖，被丞相府的小吏发现举报。门客怀疑是一个叫苏贤的人检举的，就告诉了赵广汉。赵广汉一听，很是生气：居然敢欺负我的人？于是立刻派人逮捕苏贤。苏贤的父亲见儿子无缘无故被京兆尹派人逮捕，没地方说理，只好告御状。最后，状子到了刘询这里，他批示让仔细核查。一查，果然是赵广汉借用权势罗织罪名，便给了他一个行政降级的处分。

但是，赵广汉没有因此警醒，反而怀疑苏贤的父亲告御状是同乡荣畜的主意。于是，赵广汉捏造了一个罪名，处死了荣畜。荣畜的家人又告御状，控告赵广汉玩弄律条，残害百姓。当时，刘询正在整顿司法系统，赵广汉再次跳了出来，自然引起了刘询的注意。于是，刘询将案件交给丞相、御史调查，调查的结果是赵广汉捏造罪名害人一事属实。

赵广汉为了自保，想找丞相魏相帮忙。但赵广汉知道魏相廉洁奉公，无从下手，便想办法去胁迫魏相。"功夫不负有心人"，赵广汉打听到魏相的夫人曾惩罚一个婢女，后来这个婢女死了，便决定拿这件事来做文章要挟魏相，以逼魏相不再追究荣畜之死。没想到，魏相不受要挟，更加坚决地支持御史继续审查荣畜一案。于是，赵广汉一不做二不休，率领部下闯入丞相府传唤魏相的夫人，让其跪在地上听他讯问，并当场逮捕了十余个奴婢。

京兆尹带领差役闯入丞相府并当场审讯丞相夫人，事态变得更加严重了。刘询一听此事，心想：如此这般恶劣，这还了得？于是，刘询下令将此案交由廷尉严肃查办。查办的结论是，魏相夫人因为婢女有过失确实责打过她，但婢女是回到自己家以后才死去的，并非赵广汉所指控的被魏相夫人酷刑拷打致死。

刘询痛恨赵广汉的徇私枉法、假公济私，下令将其逮捕羁押。但是，长安百姓却惦记着赵广汉打黑除恶的功劳，守着宫门为他求情，有的甚至说愿代赵广汉去死。不过，刘询决心以此案例来纠正司法腐败，让官员们心存警惕，知道无论多么位高权重也不能玩弄律令草菅人命。因此，刘询没有接受长安百姓的求情，处死了赵广汉。

另一个被惩处的酷吏是河南太守严延年。严延年，前面讲田延年案时提到过他，他因为举报田延年不法被霍光赶走。严延年精通法律条文，也常利用法律的矛盾之处胡作非为：一般人认为罪恶重大，应处死刑的人，他能借助律令让其无罪释放；一般人认为清白无辜之人，他能硬扣上法条判决处死。官吏百姓都不知道严延年在想什么，见到他都惊惶恐惧，不知所措。每年冬季，严延年会把各县所有囚犯集中在太守府做一次总的审理，处决的人犯成百上千，血流数里。因此，百姓在背地里对严延年以"屠夫"称呼之。

有一次，严延年的母亲来探亲，本打算与儿子在一起过年。没想到一到洛阳，严母就碰上严延年在处决囚犯。严母一看血淋淋的杀人场面，大惊失色，待在驿站不肯前往太守府。严延年亲自到驿站迎接，但严母闭门不见。严延年只好脱去官帽，跪在门外叩头，请母亲开门。过了很久，严母才开门见他："你侥幸当上郡守，没听说你用仁心推行教化、安抚百姓，反而如此任性弄法、杀人如麻，违背了做父母官的本意。"严延年觉得母亲说得有理，表示听从母亲教诲，并亲自驾车把母亲接到太守府。新年一过，严母告别严延年准备回家，对儿子说："人在做，天在看。百姓不可以乱杀，乱杀必有报应。我想不到竟然要眼睁睁地看着你被押赴刑场啊。我回家先准备坟墓，好等待你的灵柩！"严母回家后对家人表示，我早晚有一天会白发人送黑发人。

严延年与黄霸同时担任太守，但他一向瞧不起黄霸，即使黄霸受到的褒奖和赏赐都在他之上，也依然很不服气。正好河南郡发生蝗灾，郡府丞到各县视察蝗灾情形，并向严延年报告。严延年冷笑道："蝗虫正好可以供凤凰吞食！"这是因为此前颍川郡风调雨顺，曾有凤凰飞集，于是太守黄霸报告给了朝廷，后受到刘询大加褒奖。严延年说这句话，就是对黄霸的讽刺。

没想到，郡府丞年老，一向又对严延年的阴狠心存恐惧，一时没能理解其所言的深意，认为严延年在说自己要被蝗虫吃掉，顿时惊慌失措。严延年与郡府丞在同时期做过丞相史，算是老同僚，念及他出巡劳苦，就多赠送了一些慰问品。郡府丞面对突然增多的赏赐，更加惊惶：严太守这是什么意思？是吉是凶？一时间，郡府丞拿不定主意，就卜了一卦，结果却是"死卦"。这样，郡府丞更加紧张，认为严延年将对自己采取行动。于是，郡府丞就请假前往长安上书刘询，举报严延年有十大罪状。举报信递上去后，郡府丞便服了毒，以死证明所言全部属实。

刘询将举报信交付御史丞，一调查发现严延年不仅对皇帝有怨恨，对朝廷有诽谤，而且更重要的是在河南郡他就是法律：他愤怒时，能将无罪的人审成罪大恶极；他高兴时，能将有罪的人审得当庭释放。于是，刘询决心严肃惩处枉法者，严延年被斩首处决。

严母的预言得到验证，她也因为对儿子晓以大义，成为深明大义的典范，后被刘向列入《列女传》中。

其实，国家能否治理得好，一是取决于制度，二是取决于官吏。如果官吏人品厚重、道德水准较高，做事就会有敬畏、有底线，即便制度不完整、法律不健全，国家也还能正常运转；如果官员多是奸邪之徒，做事只求私利、彰显权欲，制度不完整、法律不健全将成其为他们阳奉阴违的工具、贪赃枉法的手段，国家可能终将难以为继。刘询在完善制度的同时，重用遵纪守法的循吏，严肃查处草菅人命的酷吏，使得君子在位、贤能当道，西汉的政风焕然一新。

就在刘询整顿吏治的同时，刚稳定下来的西域诸国又出事了。刘询决心彻底改变汉朝在西域事务中的被动局面，以实现地缘政治的长治久安。

第十一章　人心思汉

在汉宣帝刘询时期，西域诸国才真正对强大的汉朝心服口服。

客观来讲，汉朝能够让西域诸国人心思汉，一半是天意，匈奴连续遭遇天灾，损失惨重，暂时无力南下；一半是人和，刘询知人善任，让合适的人去做合适的事，西域诸国方才平静下来。刘询的三次出手，让西域诸国看到了汉朝处理危机的能力，也让其甘拜下风并觉得望尘莫及。

第一次出手，是派郑吉屯垦车师。

车师是位于现在新疆吐鲁番西北部的一个王国，东南通往敦煌，南通往楼兰、鄯善，西通往焉耆，西北通往乌孙，东北通往匈奴。车师处于四冲之地，为兵家必争之所。汉朝与匈奴曾经在此有过激烈的争夺，史称"五争车师"。

车师一直是匈奴的盟友。汉昭帝在位时，匈奴曾派出四千骑兵，在车师开荒屯垦。本始三年（前71）春，车师与匈奴一起进攻乌孙，引起汉朝五路大军还击。匈奴军队撤退时，其屯垦军也随之撤走。车师这才恍然大悟，既然关键时刻盟国靠不住，那还结什么盟啊？于是，车师便打算与匈奴断交，与汉朝恢复邦交。

匈奴知道车师欲与其断交的消息后，自是怒不可遏：跟我翻脸，这还了得？匈奴单于壶衍鞮更是大发雷霆，要求车师的太子军宿出使匈奴，目的是把他扣留下来作为人质。军宿当然不想到匈奴当人质，那不是活受罪吗？可是车师太弱小，如果自己违背匈奴的要求，国家就会有危险；如果违背父王的旨意，自己又会有危险。那么，既然两头不讨好，就只有逃跑了。

跑到哪里呢？军宿跑到了焉耆国。

车师国王一看太子军宿逃跑了，又气又恨，认为他在关键时刻只考虑自己而不考虑国家安危，于是改立另一个儿子乌贵做太子。乌贵继承王位后，立刻亲近匈奴，与匈奴和亲。为了显示深情厚谊，乌贵建议匈奴出兵，堵截汉朝派往西域诸国的使节。车师与匈奴联盟，等于堵上了汉朝通往西域的通道。

地节元年（前69），刘询派遣侍郎郑吉、校尉司马熹，率领一千五百人组成屯垦军在渠犁开荒屯垦，为出使西域的汉朝使节提供给养。

车师与匈奴联盟之后，经常出动军队骚扰汉朝使节。郑吉便调发西域诸国军队一万余人，加上屯垦军，联合攻击车师。车师一击即溃，乌贵只好向汉朝请降。

新继位的匈奴单于虚闾权渠顿时大怒，一是没想到车师这么不禁打，二是没想到车师投降得这么快。为树立军威，虚闾权渠决定亲自带兵攻击车师，要让背叛盟友者知道匈奴生气的后果有多严重。当然，汉朝军队也不含糊，立刻组织起来由郑吉、司马熹率领迎战。匈奴知道汉军人数虽少，战斗力却不弱，也不敢贸然进攻。

郑吉、司马熹向北迎战匈奴，只留下一个军官率二十个战士保护车师王室。乌贵不了解汉朝士兵的战斗力，觉得只安排二十个人来保卫王室，明显是不重视自己，匈奴一旦南下，后果将不堪设想。因此，乌贵觉得与其担惊受怕，莫不如不做这国王了，于是单枪匹马逃到乌孙国寻求庇护。无奈之下，郑吉只好把乌贵的妻子，也就是匈奴的公主，护送到长安。匈奴一看乌贵弃王位而去，便另立车师国王，让其率领车师民众迁入匈奴地界。与此同时，郑吉派出三百个战士去开荒屯垦车师国留下的土地。

匈奴见汉朝屯垦军进入车师故地，就派兵攻击。由于车师这个地方太关键，匈奴要是占领，汉朝就无法同西面诸国联系；汉朝一旦占领，匈奴就无法西进。这个道理匈奴懂，汉朝使节更懂，于是双方在车师展开了拉锯战。

汉朝驻车师的屯垦军只有五千人，一边开荒种地，一边应付匈奴，筋疲力尽，很难支持下去。万般无奈，郑吉让驻扎渠犁的屯垦部队数千余人来增援。没想到，刚进入车师地界，增援的部队就被匈奴兵包围。郑吉派人突出重围向刘询求救，认为车师距渠犁一千余里，屯垦军兵力太少，无法应对危急情况，建议增加屯垦军人数。

刘询一看情况紧急，立刻召集将军们讨论应对方案。赵充国等人主张趁匈奴国内空虚主动攻击，使其不敢再骚扰西域诸国。就在将军们摩拳擦掌准备大干一场时，丞相魏相上书劝阻。魏相认为，与其趁火打劫，不如因势利导：

> 间者匈奴尝有善意，所得汉民辄奉归之，未有犯于边境，虽争屯田车师，不足致意中。今闻诸将军欲兴兵入其地，臣愚不知此兵

何名者也。今边郡困乏，父子共犬羊之裘，食草莱之实，常恐不能自存，难于动兵。……乃欲发兵报纤介之忿于远夷，殆孔子所谓"吾恐季孙之忧不在颛臾而在萧墙之内也"。①

在魏相看来，匈奴力量已大大削弱，西域诸国也倾向于与汉朝交好。汉朝与匈奴的战争，已经到了战略转折期：匈奴日渐衰弱，汉朝日渐强盛，此消彼长，一定要有战略定力。与其出兵千里，缴获一些帐篷之类的物资，莫不如先让本国的百姓过上好日子。由于连年作战，边郡经济凋敝、百姓生活艰辛，我们应该先整顿内政，让边塞百姓休养生息，让国内百姓知书达理。如果汉朝国富民强，西域诸国自然人心思汉，匈奴也不敢虎视眈眈。

一个国家的区域影响力，当然要看军事实力；但一个国家的国际影响力，却是要看综合实力的。也就是说，如果一个国家的百姓安居乐业、社会和睦安定、政治合乎道义、决策合理得当，其软实力就能不战而屈人之兵。魏相认为汉朝若痛打落水狗，只不过是狗咬狗一嘴毛，莫不如提升自己的国力，让自己变成真老虎，这样就能威慑匈奴、经略西域。

刘询最终采纳了魏相的建议，不再动用更多的军队深入匈奴作战，而是采用外交手段经营西域。刘询使用了三个策略：

一是加大屯垦力度。派遣长罗侯常惠，率领驻扎张掖、酒泉的骑兵前往车师，护送屯垦军到渠犁，其目的是让西域诸国看到汉朝不是没有

---

①《汉书·魏相传》，中华书局，1962年，第3136页。

军队，而是经营西域根本用不着那么多军队。

二是重建车师。汉朝使节前往焉耆找到逃亡于此的车师前太子军宿，封他为新的车师国王，由他出面召集车师旧部。在屯垦军的护送下，军宿率领车师旧部迁到渠犁，重建一个车师国。汉朝暂时放弃在车师故地已开垦出来的农田，将其作为战略缓冲，暂避匈奴锋芒。

三是巡防南道。西域南道是沿着塔里木盆地南边向西的通道，联系着西域南部诸国，距匈奴较远，不受匈奴干扰。汉朝先稳固与西域南道诸国的关系，以此作为战略支点，并避实就虚地巩固了西域南道诸国。刘询任命郑吉为护司马，率军巡防西域南道，保卫鄯善国以西、以南的西域诸国。

刘询调整了西域经略政策，在北道以退为进、以守为攻，在南道站稳脚跟，暂时放弃控制不了的地区，优先巩固西域南道诸国。于是，刘询决心与西域诸国一个一个交好，而外交的关键不是图快，而是图稳；盟国不在数量多，而在交情深。就这样，刘询以看似简单朴实的策略，稳扎稳打，步步为营，在西域站稳了脚跟。

第二次出手，是派冯奉世稳定莎车。

乌孙的邻国莎车的国王去世后，没有儿子继承王位。由于解忧公主在乌孙国受到尊重，莎车的人臣认为其子万年是汉朝的外孙，如果拥戴他做莎车的新国王，那么莎车既可以依靠汉朝，又可以获得乌孙的关照。于是，莎车的大臣们上书刘询，请求让万年做他们的新国王。

刘询表示同意并下诏，派使节护送万年前往莎车出任国王。可惜的是，万年原本没有被作为接班人培养，缺少治国理政的经验，性格急躁，处事不公。这个捡来的王位没坐多久，莎车臣民便对万年大失所望：
这哪里是一个国王啊，简直就是一个祸害。在大家都感到失望时，莎车
臣民们突然想起了莎车原国王的弟弟呼屠征，便让他来推翻万年。呼屠
征借机召集莎车旧部，从邻国借兵，振臂一呼杀了万年，顺便也杀了保
护万年的汉朝使节，然后自立为莎车国王。

杀了汉朝使节和汉朝的外孙，呼屠征当然要与汉朝断绝关系，彻底
倒向了匈奴。呼屠征即位莎车国王后，一不做，二不休，派使节到西域
各国游说，以争取西域北道诸国的支持。西域北道是沿着塔里木盆地北
部边缘向西的通道，呼屠征对西域北道诸国宣称："北道所有国家都已
归降匈奴。"呼屠征还派兵进入西域南道，提出要和西域南道各国结盟，
共同背弃汉朝。

其实，西域诸国原本就一直在汉朝与匈奴之间寻找平衡：匈奴来了
就支持匈奴，汉朝强了就支持汉朝。当时交通信息不便，西域诸国听说
周围的国家都归降匈奴了，先后宣布要与匈奴重新和好。

元康元年（前65），刘询刚处理完霍光家族谋反案，西域护军的告
急文书就一封接着一封送来。其时，西域诸国几乎全部脱离汉朝归附匈
奴，而鄯善以西的地区因交通断绝，汉朝几乎无法联系。

刘询意识到要彻底地解决西域问题，需要一位有胆识、有担当、有
责任、有勇气的使者作为全权使节，代表汉朝镇守西域。于是，前将军
韩增推荐了冯奉世。刘询经过认真考察，决定让冯奉世持节护送大宛和
其他国家的使节回国，统筹处理西域事务。

冯奉世一行人马抵达伊循城时，遇到郑吉、司马熹被困西域北道，

独木难支。汉朝使团商议认为，西域诸国纷纷宣布脱离汉朝，但法不责众，不能用兵来征讨，只能采用安抚的策略；若不对莎车进行反击，其势力会一天比一天膨胀，虎大为患，将来必然无法控制，而莎车一旦坐大，西域将完全陷入匈奴的势力范围。冯奉世、郑吉、司马熹等人认为要安抚这些小国，必须先平定带头闹事的莎车。然而，如果要平定莎车，最棘手的问题是没有兵。

汉朝使者出使所带的护卫人数有限，可利用的屯垦军不过三千人，作战实力不足；若从张掖、酒泉等地调兵，远水不解近渴。就在他们一筹莫展时，冯奉世想到了自己的持节使者身份：既然自己是汉朝皇帝的全权使节，就代表着汉朝皇帝本人。于是，冯奉世当机立断，宣布奉汉朝皇帝之命，征调西域诸国中愿意与汉朝交好的各国军队，参与平定莎车之乱。

经过一番努力，冯奉世等人在西域南、北两道拼凑了一万五千人，但这些兵马并非出兵国家的精锐，多是二线部队的老弱病残。与乌孙国一下子就出动五万骑兵相比，可以看出西域诸国此时的心态：就是看看热闹，既不得罪汉朝，也不得罪匈奴。

冯奉世只好率领这不到两万人的军队，向莎车发动攻击。结果，不到一天工夫，看似固若金汤的莎车城被攻破了。呼屠征见大势已去，自杀了。

如此一来，西域诸国算是见识了汉朝的厉害，就汉朝使者拼凑起来的那么一点老弱病残居然能灭掉一个国家，看来不是士兵的问题，而是汉朝人善于组织，能够作战。于是，西域诸国知道汉朝比匈奴更厉害，决定跟汉朝重新和好。

冯奉世正式接管了莎车国，从莎车王室中选出了新莎车国王。这样，西域南、北两道的所有国家，再次倒向汉朝这边。顿时，冯奉世的声威传遍西域，西域诸国也不再有二心。

刘询得知后非常高兴，他嘉奖了推荐冯奉世的韩增："将军真是伯乐！本来只是让他出使大宛，没想到却把西域的乱局给彻底解决了。"

当冯奉世在其后抵达大宛国时，大宛国王见到这位传说中的使者后格外尊敬，礼数超过此前的所有汉朝使节。大宛国王还向汉朝呈献象龙宝马，让冯奉世带回长安转呈汉朝皇帝，以示敬意。回到长安后，刘询将冯奉世升为光禄大夫，出任水衡都尉。

冯奉世率军作战，喜欢兵少将少，出奇制胜。后来，冯奉世多次出征西域，所率兵马不过万多人却屡建奇功，成为西汉著名的外交家、军事家。

第三次出手，是派冯嫽出使乌孙。

元康二年（前64），乌孙国王翁归靡希望立自己与解忧公主的儿子元贵靡为王位继承人。翁归靡上书给刘询，期望元贵靡也能娶汉朝公主，结两重姻亲，实现两国世代友好，并提出用马、骡各一千匹为聘礼。

刘询召集大臣讨论，负责外交的大鸿胪萧望之认为，翁归靡继承王位时，约定要将王位传给侄子泥靡，现在却贸然改变约定，乌孙贵族恐难以接受——"乌孙局势复杂，恐生变化，不要贸然答应"。

不过，翁归靡却坚信自己能控制局面，刘询也觉得乌孙与汉朝有血浓于水的情谊，尤其是双方曾经联合攻击匈奴，直接抄了匈奴右谷蠡王的老巢。因此，刘询认为，汉朝与乌孙数代和亲，若贸然拒绝，担心乌孙国王面子上过不去，不如先答应下来。于是，刘询遣使者到乌孙，取了聘礼；翁归靡派出三百多人的使团，到长安迎接少公主。

刘询选中了解忧公主的侄女相夫公主，又选派官属、宫女一百多人住在上林苑中学习乌孙语。为了显示汉朝和乌孙两国的深情厚谊，刘询亲自到平乐观会见使节，遣送公主西嫁；又派光禄大夫常惠为持节使者，送相夫公主前往敦煌，等待迎亲队伍。

没想到的是，相夫公主刚到敦煌，翁归靡就去世了；更没想到的是，乌孙贵族遵照此前约定立了泥靡为新国王。泥靡是乌孙历史上最为狂妄的人，史称"狂王"。这样一来，解忧公主的儿子元贵靡没能继承王位，如何迎娶汉朝公主就成了难题。于是，常惠立刻上书刘询，请求让相夫公主暂驻敦煌，然后他亲自赶到乌孙责备不立元贵靡为国王之事，之后再陪公主回长安。

刘询召集大臣们召开御前会议。萧望之主张："乌孙首鼠两端，难与立约。解忧公主在乌孙四十余年，乌孙与汉朝的关系没有想象的密切。西域诸国正在看热闹，这关系到汉朝的尊严。元贵靡没有继承王位，公主就没有必要和亲。如果公主去乌孙，势必引起乌孙内乱，而乌孙一乱，西域就乱了，我们要准备面对战争。"刘询下令让常惠护送相夫公主回长安。

元贵靡是解忧公主的儿子，若他即位，解忧公主便是王太后，从此可以安享晚年。但狂王泥靡为岑陬所生，他一即位便按照乌孙传统娶解忧公主为夫人。解忧公主嫁给狂王泥靡后，又生了一个儿子。

甘露元年（前53）二月，汉朝派卫司马魏和意、副候任昌出使乌孙。解忧公主认为狂王泥靡为乌孙人所不满："狂王给乌孙带来灾患困苦，大家都痛恨他，只有杀掉这个祸害，才能彻底解决问题。"三人便商议在酒会上击杀狂王泥靡。

于是，他们请狂王泥靡赴宴。酒酣耳热之际，刺客冲上来，对准狂王泥靡举剑就刺。但剑未刺准，狂王泥靡只是肩部受伤，拼杀出去，上马逃走。狂王泥靡的儿子听说父王遭到暗算，且是汉朝使节和解忧公主联合下手，便率兵包围了乌孙国都赤谷城，要抓汉朝使节和解忧公主为父王报仇。西域都护郑吉立即征发附近各国的军队前往救援，为赤谷城解了围。

为了缓和事态，刘询决定派中郎将张遵，带着医药去给狂王泥靡治伤，还赐给其黄金二十斤以及各色丝织品进行安抚，以向其表明这不是汉朝廷的意思而是使节自作主张。

为了证明汉朝无意干涉乌孙内政，刘询又派车骑将军长史张翁率领一干人来调查解忧公主与汉朝使节谋杀狂王泥靡一事。最后，张翁等人认定是三人密谋，擅自做主，直接插手乌孙的内政，遂将魏和意、任昌押到长安处决。

狂王泥靡受伤之后，翁归靡与匈奴夫人所生的儿子乌就屠乘机作乱。乌就屠率领部分酋长逃到赤谷城北的山中，集合部属，并扬言说母家的匈奴兵快来了，追随他们可以免死。于是，对匈奴有好感的乌孙百姓，顿时归服于乌就屠。乌就屠一看有不少人拥护，遂自立为乌孙国王。

刘询得到消息，决心支持狂王泥靡，维持乌孙国的稳定。于是，刘询命破羌将军辛武贤率兵一万五千人进驻敦煌，准备西征。辛武贤派人勘察地形，凿井开路，向西通渠，运粮建仓，摆出要讨伐乌就屠的架势。

在即将大动干戈之际，中国历史上一个伟大的女外交家出面了。她叫冯嫽，是解忧公主的侍女。原来，冯嫽与一般侍女不同，她跟随解忧公主陪嫁到乌孙之后，不仅学会了西域语言，而且对西域地理、国情、社会极为熟悉。因此，冯嫽不仅是解忧公主的顾问，而且常常代表解忧公主出使西域各国。冯嫽知书达理、举止优雅、言谈得体、才识卓越，得到了西域诸国王室的尊重，大家尊称她为冯夫人。乌孙的右大将对冯嫽特别倾慕，遂向冯嫽求亲，二人结为连理，并与乌就屠关系不错。

西域都护郑吉请冯夫人出面，去劝说乌就屠。冯夫人单枪匹马进入北山，见到乌就屠劝道：汉朝大军正准备进军，你若依靠匈奴，必将被灭掉；不如就此息兵，反而能保全荣华富贵。

乌就屠一看是冯夫人出面劝降，有了几分信任，毕竟他了解冯夫人的见识，也知道冯夫人的为人。此时，乌就屠心中已没了继续称王的底气，提出只要保留小国王之号就行。意思是，乌就屠自己并不想统一乌孙，但也不希望自己一文不名，希望汉朝给予小国土的封号，让他自己有那么一份"自留地"。

乌就屠的打算、狂王泥靡的负伤，却让刘询觉得必须彻底解决乌孙国的问题。于是，刘询下诏请冯夫人回到长安，亲自向她询问乌孙的情况，希望能全面了解西域诸国的关系，从而全面制定经营西域的战略。

冯夫人回到阔别四十年之久的长安时，刘询令文武百官在城郊迎接。京城万人空巷，争睹这位女外交官的风采，一时间人山人海、道路堵塞。当日，刘询在宫中召见冯夫人，冯夫人告知了乌孙国的情形，建议给乌就屠封号以安其心。刘询认同冯夫人对西域形势的分析，任命她为汉朝使节出使乌孙国。

冯夫人回到乌孙后，传达了刘询的诏令：立元贵靡为大国王，率六万多户；乌就屠为小国王，率四万多户。这样，乌孙国一分为二，元贵靡、乌就屠两人各自治理所辖区域。常惠率汉朝军队在赤谷城屯田，以维持乌孙安定。这样一来，汉朝与乌孙化干戈为玉帛，破羌将军辛武贤不用西征，直接返回长安。

甘露三年（前51），解忧公主的两个儿子先后去世，公主上书刘询称自己年老、思念故土，希望能叶落归根、回归故里。刘询敬重解忧公主为汉朝经营西域做出的牺牲，派人前往迎接。解忧公主和冯夫人一起回到长安并受到隆重迎接，两年后解忧公主逝世。

可是，在乌孙大国王元贵靡去世后，儿子星靡即位，但其年纪尚小，需要辅佐。冯夫人放心不下，主动上书汉元帝刘奭恳求再次出使乌孙，以辅佐星靡。初元元年（前48），七十多岁的冯夫人第三次踏上了出使西域的征途，在一百多名汉兵的护送下重返乌孙。

乌孙贵族、百姓听说冯夫人回来了，出迎数百里。冯夫人到达乌孙后，白天协助星靡处理国政，晚上不辞劳苦地教星靡读书，稳定了乌孙局势。为实现汉朝、乌孙两国长期友好，冯夫人建议都护韩宣奏报汉元帝刘奭，发给乌孙王国丞相、总监二人汉朝侯爵的绶带印信，让他们安心辅佐国王星靡。刘奭诏准，让段会宗接任郑吉出任西域都护，与冯夫人一起在乌孙招徕流亡者、召回叛逃者，实现了乌孙的长期稳定。

西域诸国一看车师、莎车、乌孙在汉朝使臣的帮助下日渐稳定，更加认识到汉朝的声威：乌孙那么乱，汉朝用一个七十多岁的老太太就把局面稳定住了；西羌那么乱，汉朝又派了一个七十多岁的老头儿坐镇，居然也把叛乱给平定了。

那这个平羌的老头儿是谁呢？

第十二章　青海平乱

　　赵充国，字翁孙，是陇西上邽人，居住在金城，因善于骑射被补任
为羽林卫士。赵充国做事沉着勇敢，很有谋略，年轻时学习兵法，熟悉
西域事务。俗话说"人比人，气死人"，赵充国比霍去病只小四岁，有
霍去病的才干，却没有霍去病的运气。当霍去病以骠骑将军去世时，赵
充国还只是个普通军官。

　　直到天汉二年（前99），三十八岁的赵充国才崭露头角。其时，赵
充国随贰师将军李广利出兵匈奴，把匈奴右贤王打了个措手不及，却陷
入了匈奴的重重包围。赵充国的职务是假司马，即司马的副手，此时代
理司马。他看着断粮、断水、断了希望的将士陆续死去，决心挑选一百
多名壮士组成敢死队，在匈奴的包围圈中撕开一个口子强行突围，让贰
师将军李广利率领大军紧随其后，最后顺利冲出了包围圈。

　　这次强行突围，赵充国全身受伤二十多处，却一战成名。班师回朝
后，李广利向汉武帝陈述了赵充国的勇敢和坚强。汉武帝立刻召见，并
探视赵充国的伤情，将他升为中郎，担任车骑将军长史。

　　汉昭帝时期，武都郡的氐人造反，赵充国以大将军护军都尉的身份
带兵平叛，凯旋后升为中郎将，率兵驻守上谷郡，镇守西北。此后，赵
充国又出兵匈奴，俘获了匈奴的西祁王，升为后将军，兼任水衡都尉。
本始三年（前71），汉朝五路大军征伐匈奴时，赵充国被任命为蒲类将

军，斩杀数百人，撤军后继续出任后将军、少府。

有了丰富的作战经验，赵充国不仅得到军中将领的尊重，也让匈奴充满敬畏。有一次，匈奴发动十多万骑兵，逼近汉朝边塞。刘询派遣赵充国率领四万名骑兵驻守边境九郡。匈奴单于一听是赵充国出战，立刻撤兵。

当然，赵充国若只有如上经历，自然是不能与霍去病相提并论的。实际上，这位大器晚成型的将领赵充国之所以名载史册，缘于他七十岁之后的大放异彩。

当年，汉武帝开辟河西四郡——酒泉、张掖、敦煌、武威，目的是隔绝北方的匈奴与南方的西羌部落的联系。为了让河西走廊成为交通西域的要道，汉武帝让军队将西羌诸部落迁到羌中地区居住。刘询即位后，曾派光禄大夫义渠安国巡视羌中地区。其中，羌中的先零部落请求迁到湟水以北，在水草茂盛的地方牧放牛羊。义渠安国觉得可以，就奏请汉朝廷批准。

赵充国听说后，立刻上书刘询，认为当年汉武帝让西羌南迁是为了隔断他们与匈奴的联系，现在如果让西羌部落北上，他们必然会与匈奴接触，而这样一来如果河西走廊不保，汉朝与西域诸国的交通将会断掉。最后，赵充国弹劾义渠安国擅作主张，毁掉了苦心经营数十年的西域战略布局。

然而，未等汉朝廷批准，西羌部落这边便利用义渠安国的承诺，已经渡过湟水进入汉朝领土，而郡县根本无法阻止。果然不出赵充国所料，不久之后，先零部落酋长召集其他部落酋长二百余人开会，宣布此前各部落之间的恩恩怨怨从此一笔勾销，号召诸部落团结起来结盟立誓，互派人质，彼此信任，共同对外。消息传到长安，刘询立刻征求赵充国的意见。

赵充国给刘询讲了西羌部落的特点：

一是西羌部落各自为政。每个部落都有酋长，各个酋长都自以为是英雄豪杰，酋长之间互相攻击、仇深似海，根本无法一致对外。三十年前，西羌部族大联合进攻汉朝时，事前也是同样说勾销恩仇、互相盟誓，但关键时刻他们还是乌合之众。

二是西羌部落是小股游击队袭击，匈奴是大兵团作战。对大兵团作战是遭遇战，几天就能见分晓，但对西羌作战则是持久战：一打，他们就钻进山谷里；不打，他们又出来袭扰。当年西羌部落进攻到令居，汉朝军队花了五六年时间才将西羌击散。

三是西羌之所以屡次袭扰，大多是匈奴在背后怂恿。这次恐又是匈奴诱导西羌部落，很可能是约定夹攻张掖、酒泉，并许诺事成之后把二地让给西羌居住。

对此，赵充国提出了未雨绸缪的建议：最近匈奴在西域诸国受到重创，而西羌部落却蠢蠢欲动，恐跟匈奴背后怂恿有关。按照以往的经验，此时匈奴的使节应该在羌中，还会联合更多部族一起反叛汉朝。因此，汉朝必须在他们宣布反叛之前，严密戒备。

赵充国准确进行了战略预判，匈奴要做的事他已经提前想到了。果然，羌侯部落酋长狼何派使节向匈奴借兵，准备攻击鄯善、敦煌，其作战意图非常清晰，就是要切断汉朝与西域之间的交通。

在刘询召开的御前会议上，赵充国提出了自己的意见：狼何没有这种谋略，也没有这个胆量，而他之所以敢这么做，正是因为匈奴使节在背后出主意。按照赵充国的预判，居住在青海湖东的先零部落、罕部落、开部落已经盟誓，一定会在秋收之后乘着兵强马壮、粮草充足起兵。因此，赵充国认为要火速派官员巡查边境要塞，加强防御，并想尽一切办法不让西羌部落团结起来，这样才能避免战争。

丞相魏相、御史大夫丙吉继续推荐义渠安国，让他再次巡察边塞，了解西羌动向。义渠安国对西羌部落也很是恼怒，他当初出于好意为了让他们过上安稳的生活，支持他们迁到水草丰茂的湟北，没想到他们居然盟誓反叛。这一次，义渠安国决心将功赎罪，挽回自己曾经的失误。

义渠安国抵达羌中，召集先零部落首领三十余人开会。这些首领曾是义渠安国的老朋友，大家都愿意前来聚会。不过，义渠安国却先下手为强，让卫士逮捕了几个桀骜不驯的酋长并当场诛杀。随后，义渠安国率领护卫袭击曾经带头起事的先零部落，斩杀了一千余人。

这个行动从军事上来说是成功的，但从外交上来说是错误的，从政治上来说更是失败的。实际上，在这些部落首领中，有些已经归降汉朝。例如，被封为归义侯的西羌酋长杨玉，一看义渠安国突然动手非常愤怒，觉得这些羌人并无违法行动却如此惨死。由此，杨玉认定义渠安国的所作所为是汉朝的阴谋。随后，杨玉率领其他酋长集体叛变，联合其他部落攻击城邑，杀戮汉朝官员。

义渠安国一不做二不休，率骑兵二千人迎战，抵达浩亹，与西羌部落遭遇。以义渠安国的谋略，自然不敌西羌联军，不仅伤亡惨重，而且武器辎重损失殆尽，只好撤退到令居向刘询求援。

刘询没想到义渠安国如此鲁莽，居然逼反了西羌部落。于是，刘询让御史大夫丙吉亲自登门，向熟悉西域局势的赵充国求计，请他保荐大将出发平羌。赵充国想都没想地毛遂自荐道："对付西方的诸羌部落，没有人比我更合适！"

丙吉回来一说，刘询坐在那里半天不说话，心想：这七十多岁的老头儿是糊涂了，还是被吓傻了？刘询觉得还是要问个究竟，就派人去问赵充国为什么是他自己最合适，同时还询问了两个问题：你预测西羌各部落会有什么发展？我们当派多少军队？

赵充国一听，认为这两个问题不用回答，说："我还没到前线，不知道虚实，怎么能够知道要用多少军队？我先赶往金城，根据作战态势绘制地图，再拟订战略计划呈报。可以肯定的是，叛乱人数不会太多，不久便可平服。"刘询一看问题被赵充国否定了，就知道赵充国说的是实话，遂任命赵充国为统帅，下诏动员军队在金城郡集结。

赵充国直接前往金城郡，集结到一万骑兵，部署作战。夜晚，赵充国派三个指挥官率领骑兵，马口衔枚，先行偷渡，以便在黄河西岸构筑阵地接应大军。随后，大军开始渡河，到天色微明时一万骑兵已全部渡河。

他们刚在黄河西岸扎营，西羌的暗哨、侦察兵几十人、巡逻骑兵百余人已出现在汉军附近。赵充国下令不准出击，理由是："我们一夜渡河，筋疲力尽。对方的侦察兵，多是身经百战的精兵，不容易制伏，他们身后可能还有大军。我们这次作战，目的是歼灭敌人的主力，不能贪图小利。"

赵充国派出斥候侦察四望峡，发现四望峡没有羌军把守。于是，赵充国立刻下令连夜启程，穿过四望峡，挺进落都。到达落都后，赵充国召集将领开会，兴奋地说："羌人果然不懂军事！他们假如用几千人把守四望峡，我们怎么能到这里？"

这话听起来很熟悉。当年，赵括也这么说过，不过他是纸上谈兵，最后兵败身死。但赵充国可是真刀真枪地打出来的，他以五六十年的作战经验得出的这个结论，绝非年少轻狂的轻率之词，而是对西羌部落恰如其分的评价。

赵充国知道，在西北地区用兵，一定要做到四点：一是要情报准确。派出骑兵远程侦察，随时掌握战场动态，及时完成战术部署。二是要攻守平衡。骑兵可以千里奔袭，前提是要保持高度戒备，既能随时突击，也要防备敌人突击。三是稳扎稳打。部队即使临时安营，也要构筑坚固阵地，绝不心存侥幸。四是谋定后动。作战计划确定之后才展开行动，从不误打误撞。正是靠着稳、准、狠、快，赵充国在几十年的作战生涯中，几乎没有败绩。

于是，赵充国瞅准机会，从落都继续西进，进驻到西部都尉府，控制了羌地的要冲。但赵充国并不急于作战，西羌部落发动了好几次攻击，他依然决定坚守不动。

按说千里奔袭、粮草不继，应该速战速决，但赵充国却完全不按常理出牌。为此，赵充国的属下也不解他葫芦里究竟卖的是什么药。最终，一个俘虏道出了赵充国这么做的威慑效果："西羌部落首领们互相责备：

告诉你们不要谋反，不要谋反，你们不听。看看吧，皇上派赵将军来了，赵将军虽已七十多岁却百战百胜，我们想跟人家拼个你死我活，恐怕连动手的机会都没有。"

其实，赵充国这么做是有战术考量的：一是以逸待劳。西羌部落不是铁板一块，如果攻得着急，就会让他们紧密团结，因此不如缓和一下，让各部落自行生乱。二是平定内部叛乱，应该以攻心为上。对于西羌部落，只有让他们心服口服，才能使其长治久安。

不久，罕、开二部落的酋长靡当儿，派弟弟雕库秘密向西部都尉报告说："先零部落可能叛变。"几天后，先零部落果然叛变。由于雕库同族所属的月氏部落与西羌的先零部落杂处，西部都尉把雕库扣留，当作人质。赵充国认为雕库没有罪，下令将其释放，并请他转告其他部落酋长关于汉朝对西羌的政策：

> 大兵诛有罪者，明白自别，毋取并灭。天子告诸羌人，犯法者能相捕斩，除罪。斩大豪有罪者一人，赐钱四十万，中豪十五万，下豪二万，大男三千，女子及老小千钱，又以其所捕子财物尽与之。[1]

赵充国宣布的政策是：只要西羌部落不再谋反，那就既往不咎；若能协助朝廷平定叛乱，还可以立功。实际上，赵充国打算促使罕、开二

---

[1]《汉书·赵充国传》，中华书局，1962年，第2977页。

部落以及被胁迫的其他部落改变立场不再叛乱，实现对各部落分而治之；等叛乱的核心力量惊惶疲惫时，再发动最后攻击。

就在赵充国完成作战布局时，刘询征集了边防军六万人，为赵充国提供支援。酒泉郡太守辛武贤上书，建议趁着夏季七月上旬携带三十日粮草，分别从张掖、酒泉发起攻击并在鲜水会合，然后攻击罕、开二部落，即使不能全部诛杀，也可以掠夺财产、牲畜、妻子、儿女后撤退；到冬季再度出击，这样不停地攻击，就会让西羌部落震恐。——这种做法，用一个字概括是"打"，两个字是"快打"。

刘询看了这份奏折，转给赵充国，想听取他的意见。赵充国一看，直接拒绝了这个冒险方案。赵充国的理由主要有三点：一是骑兵的一匹马需背负三十日的马草，军粮需要二斛四斗米、八斛麦，还要载负衣服、武器，这样的负重只能缓行，无法突袭；二是西北地区地广人稀，一旦攻击，羌兵必然退入山林，据守险要，而一旦断绝粮道，汉军可能全军覆没，在西域再无威信；三是掠夺西羌部落的财产、牲畜、妻子、儿女，只不过是面子上看起来好看，算不上治本的策略。

在赵充国看来，先零部落之所以带头反叛且其他部落跟进，不过是受到匈奴的威逼利诱，并不是铁了心要与汉朝作对。同时，赵充国认为没有必要进攻摇摆的罕、开二部落，而是应该给带头的先零部落一次重击，彻底动摇其他部落的反叛决心，然后宽大处理，赦免反叛者，选派熟悉羌人习惯的优秀官员进行安抚。这样，既能免于杀戮，又能实现永久和平。

刘询又把赵充国的意见交给朝臣讨论，但辛武贤认为先零部落兵力

强大且与罕、开二部落联盟，如果不先击破罕、开二部落，就不可能击
破先零部落。刘询觉得辛武贤说得有道理，接受了辛武贤的建议，并任
命许延寿为强弩将军，辛武贤为破羌将军。同时，刘询责备赵充国不利
用夏季水草茂盛的有利条件攻城拔寨，却要等到冬季才攻击，并认为那
时西羌部落已退居深山据守险要，汉军将士要面临严寒摧残，朝廷要多
支付半年军费，太劳民伤财了。于是，刘询下令辛武贤等统率大军在七
月发起攻击，并要求赵充国率部随即进行作战，不得违抗命令。

　　这份诏书语气严厉，赵充国觉得刘询不了解具体情况，遂再次上
书强调：自己已经通知罕、开二部落，不追究他们的过错，并已经开
始瓦解西羌部落，还通过一位酋长传达了朝廷的恩德。罕、开二部落
已经按兵不动，先零部落酋长杨玉却坚守山林。现在如果把反叛的先
零部落放在一旁而转攻罕、开二部落，这相当于放任有罪者、诛杀守
法者，一旦行动则会让西羌的局面无法收拾。在赵充国看来，汉朝军
队先攻击罕、开二部落，是先零部落最希望看到的，而这样会使他们
的联盟更为坚固。

　　赵充国认为汉军若先攻击罕、开二部落，先零部落必然派出援军，
同时夏季游牧部落的战马正肥，粮草充足，能进能退，而罕、开二部落
则必然会对援助的先零部落感恩戴德。那么，三个部落一旦形成了生死
与共的情谊，他们只要派出两万精兵，就可胁迫其他西羌部落一起反
叛。到时候，西羌部落的叛军会像滚雪球一样越滚越大，一旦所有部落
全部联合，汉朝要十年八年也平定不了。

　　赵充国坚持只要击破先零部落，罕、开二部落不用一兵一卒便会臣

服。如果先零部落臣服，罕、开二部落即便抗拒，等到春季正月再行攻击也合理合宜。因此，赵充国对刘询说："现在攻击，我实在看不到任何好处。"

六月二十八日，赵充国递出奏章。七月五日，刘询同意了赵充国的意见。这是赵充国和刘询的第一次讨论。

得到刘询的旨意，赵充国率军西进，直接压迫先零部落阵地。先零部落驻屯已久，见汉朝军队不进军，便戒备松懈。当汉朝大军突然开始攻击，他们大为惊慌，扔下辎重，急渡湟水撤退。

由于道路狭窄，羌军争先恐后，赵充国遂下令大军缓缓进逼。部下提醒赵充国道："要扩大战果，趁机杀过去啊！"赵充国说："他们是穷寇，不能追击太急。兔子急了还咬人呢！我们缓缓进逼，他们神魂不定，就会争先逃亡。如果发现逃生无望，就一定会回头死拼。"于是汉朝官兵便站在山岗上看羌军急渡湟水的狼狈样子。

等他们渡完湟水，赵充国让属下清查战果：被挤入湟水中淹死的数百人，被斩杀、被俘虏的羌军五百余人，马、牛、羊、家畜十万余头，车四千余辆。

赵充国率大军继续西进，到达罕、开二部落驻地。赵充国下令禁止士兵焚烧房屋，保护田野中罕、开二部落堆积的粮草。罕、开二部落得到情报，欢欣鼓舞："看来汉朝果然没把我们当作敌人！"于是，罕、开二部落派使节来见赵充国，请求允准他们回到原来的牧地。

赵充国设酒筵招待他们，下令把所俘虏的罕、开二部落的人全部释放。此时，属下提醒赵充国没有皇帝的旨意不能随便释放俘虏，但赵充国笑道："你这就不是为了国家长治久安的百年大计嘛。"随即，赵充国向刘询做了汇报。刘询得到报告后，准许罕、开二部落酋长戴罪立功。同时，刘询下令许延寿、辛武贤率军与赵充国会师，在十二月向先零部落发起总攻。

这时，归降的羌人已有一万有余，赵充国推测先零部落的百姓会不断逃亡，已经没必要动用骑兵去攻打。如果想彻底让羌中安定，应该开荒屯垦，与先零部落对峙下去。不过，赵充国刚写好欲长期对峙的奏章，刘询要求十二月合击的诏书却到了。

赵充国的长子赵卬认为，父亲这么做是拿老命开玩笑，多亏当今皇上讲理，如果当年的将军跟汉武帝这样讨论战事，即使不被斩首，也要被罢免。不过，赵卬也知道，父亲既然敢跟皇帝顶着干，自己说了也白说。于是，赵卬请一位幕僚向父亲赵充国建议："现在又不是打不赢，何苦跟皇上争执呢？一旦皇上动怒，只用派一个使者来，您连性命也不能保全，还奢谈什么百年大计？"

赵充国听后，沉默了许久。然后，赵充国叹息道："说这些话是只考虑个人安危，不是真正的忠心报国。要是当初采纳我的建议，事先预防，西羌怎么会造反？皇上让推荐平定羌乱的人选，我推荐辛武贤，而魏相和丙吉推荐义渠安国，他用高压手段处理叛乱，自然会不可收拾。我曾跟大司农中丞耿寿昌建议，只要储备三百万斛粮食，西羌部落就绝不敢叛乱。结果呢？耿寿昌只储备了四十万斛，义渠安国就消耗了一半。这就是失之毫厘，差之千里。我担心羌乱不彻底平息，万一其他地方再有军事行动，朝廷怎么应付得了？"

赵充国这是典型的老臣谋国，不计较个人私利，愿意为国家长治久安殚精竭虑。幸运的是，在中国历史上，像赵充国这样的人不计其数，正是因为他们的前赴后继，中华文明才能绵延不绝；更幸运的是，史家们用如椽大笔如实记录了他们的事迹，让他们得以名垂青史，中华民族的精神才能烛照千古。

在这次的奏章中，赵充国提出了一个彻底解决西北边防问题的策略，请求朝廷屯田："西北用兵，粮草供给是大问题。千里运粮会成为国家负担。治羌要用谋略，不能一味用兵，攻击只是下策。"赵充国给刘询算了一笔账："从临羌东到浩亹，已经废弃的耕田、无主荒田有二千顷以上，其间驿站邮亭多数颓坏。我已派军队入山砍伐林木六万余棵，存在湟水之滨。若把骑兵撤回，只留步兵一万零二百八十一人屯驻险要之处。明年春季河上冰解，木材可以顺流而下，修建驿站邮亭，筑起四望峡以西七十余处桥梁。这些战士武装垦荒，每人可分田三十亩。四月之后，可征调金城郡的骑兵来放牧，为屯田部队提供警戒。收获的粮食作为作战物资，可以节省庞大的运粮费用。目前，我们蓄积的粮草，可以用到明年夏收时。"

与此同时，跟着赵充国的奏章一同呈上的，还有他测算的屯垦分区图与所需的农具清册。刘询一看，这不是去打仗，是去开荒啊！于是，刘询下诏追问："依照你的计划，叛逆什么时候可以诛杀？战争什么时候可以结束？"

赵充国的回答是："长治久安靠的是谋略，而不是百战百胜。虽然民族习惯不同，但都希望过上好日子。西羌部落失去肥沃的土地和茂盛的牧草逃入荒山，生活艰苦，人人都想反叛。我们留一万人屯垦，就可以稳定这一区域。现在西羌部落正在瓦解，归降者有一万零七百余人，不出半年就能平定羌乱。"为了论证自己说得有理，赵充国还具体列出了军屯的十二项好处。

刘询的疑虑是，西羌各部落一旦知道汉军撤退，是否会集结精锐攻击骚扰屯垦驻军。

赵充国认为先零部落的精兵不过七八千人，很快就会崩溃，最晚拖到明年春天。赵充国还计算了屯垦战士的数量，如果全部武装起来，有万人之多的精兵。冬季时，先零部落的战马枯瘦，他们不会留下妻子、儿女、家畜翻山渡河、长途跋涉去发动攻击，只要汉军坚持，先零部落就会瓦解。因此，赵充国在奏章最后说："我要是接到诏书，立刻率领大军攻入先零部落。如果朝廷没人指控我，我也可以立大功。但那样只对我个人有利，却不是国家的长治久安之策。"

赵充国每次上的奏章，刘询都交给朝臣一起讨论，最初赞成赵充国的朝臣有十分之二三，渐渐增多到十分之五，最后更增多到十分之八。刘询一直从反对的角度提出质疑，最后彻底认同了赵充国的意见。丞相魏相也不得不承认，赵充国的建议非常正确。

刘询下诏嘉勉赵充国，并批准他的计划，撤回骑兵，留下步兵在湟中开荒屯垦。神爵二年（前60）五月，赵充国认为西羌伤亡、投降者甚多，无力作乱，已彻底被削弱，遂请求罢屯兵并振旅还朝。

赵充国七十三岁主动领兵出征，到七十九岁凯旋京师，以如此高龄主动请缨、身先士卒坚守边境而成为名将的典范。最难得的是，赵充国的屯田主张，最初受到刘询和朝臣的一致反对，但他仍然多次上书阐释这一策略的必要性，最后终于为大家所接受，显示出了他为国家长治久安的深谋远虑。从此，屯田垦荒成为中国历代王朝稳定西部边疆的重要策略，这表明赵充国不仅是一位名垂青史的军事家，也是享有盛誉的战略家。

当然，赵充国能够平定羌乱并以屯田治理边疆，在于刘询能够善纳谏言、虚怀若谷，能听取朝臣的意见并及时调整旨令，同时也为平定匈奴积累了宝贵的经验。刘询是如何运筹帷幄并通过外交手段平定匈奴的呢？

第十三章　匈奴降汉

　　眼看着汉朝平定西羌叛乱稳定了西域，匈奴单于虚闾权渠苦心经营的战略部署彻底落空，不能说是恼羞成怒，至少也是咽不下这口气。神爵二年（前60）九月，虚闾权渠单于亲率骑兵十余万人，准备南侵。

　　虚闾权渠单于也知道如此大规模地率军南下，汉朝只要做好防备，关上边塞大门，自己的骑兵就等于到汉朝边境"旅游"了一趟。于是，虚闾权渠单于采用了老套得不能再老套却屡试不爽的策略，宣布要到南方去打猎。

　　在冷兵器时代，军队集合起来打猎有三重意义：一是真的打猎。匈奴本是游牧民族，放牧打猎是日常活动，可以借此收获不少猎物。二是军事演习。军士们以打猎为名，借此训练部队的协同作战能力。三是检阅部队。军队集合起来往往声势浩大，可以增加声威，炫耀武力，因此邀请其他各国使节前来观摩就能让其生出畏惧之心，从而不再有挑衅之心。

　　虚闾权渠单于以打猎的名义发布南下命令，说是要沿着汉匈边界打猎。实际上，虚闾权渠单于是为迷惑汉朝边关，准备找到一个突破口，然后突然发动袭击，攻入边塞掳掠。没想到，匈奴大军刚南下还没有抵达汉匈边界，这个作战方案就暴露了。怎么暴露的呢？虚闾权渠单于有一个属下快马加鞭地奔逃到汉朝，报告了匈奴的整个计划。

刘询一听，怎么能让匈奴得逞？于是，刘询立刻命令刚刚休整了几个月的赵充国重新披挂上阵，亲率四万骑兵到边塞地区备战。

赵充国太了解匈奴了，他在与匈奴接壤的九个边郡增兵布防。虚闾权渠单于这次本来信心满满地前来滋扰，根本没想到一步臭棋坏了全盘计划，更没想到传说中患病的赵充国居然又老当益壮地走上了前线。在虚闾权渠单于看来，他自己这么多年来与汉朝斗智斗勇，败多胜少，败大胜小，好不容易鼓足勇气决定再赌最后一把，没想到又让汉朝抢了先手。顿时，虚闾权渠单于又急又气：一急，就吐了血；一气，就得了病。这样，虚闾权渠单于只得卧病在床，匈奴军队无心恋战，只好撤军北返。

壮志未酬的虚闾权渠单于回到王庭，回想起自己与汉朝斗争了一生，没有任何光辉业绩，遂有心想与汉朝和好，并选定了使者欲出使；可又觉得就这样认输了很不服气，心中自然很不是滋味。在这样的纠结中，虚闾权渠单于的病情一天比一天加重，不久就病逝了。虚闾权渠单于一去世，匈奴便发生了内讧。

虚闾权渠单于在位时，对皇后颛渠阏氏不是很感兴趣，最初是懒得搭理，然后决定废黜。在汉朝，被废的皇后都被囚禁起来直到老死，但匈奴没有这种习惯。颛渠阏氏一看虚闾权渠单于恩断义绝，自己也就不再眷恋，遂与喜欢自己的右贤王屠耆堂通好。

虚闾权渠单于病重之时，颛渠阏氏就提醒屠耆堂："单于病重，随时都会去世，你千万不要离开王庭。"屠耆堂本来要与匈奴其他贵族一起到龙城祭天，一听心上人这么提醒，就找了个借口留了下来。几天后，虚闾权渠单于逝世了。

按照匈奴的习惯，单于去世后应由其指定的儿子继承王位，匈奴贵族集体在场认定即可。可是，虚闾权渠单于去世时，这些贵族都到龙城祭天去了。当匈奴贵族还没有来得及回到王庭召集散布各地的亲王共商大计时，颛渠阏氏便联合其弟左大且渠都隆奇，拥立右贤王屠耆堂即位为单于，史称握衍朐鞮单于。

握衍朐鞮单于奉行一朝天子一朝臣的做法，重用拥立他即位的左大且渠都隆奇，对那些有异议的、不表态支持的、心怀不满的匈奴贵族统统疏远，并将虚闾权渠单于曾经信任、重用的子弟近亲全部逐出王庭，然后一一换成自己的亲信。

日逐王先贤掸与握衍朐鞮单于素来关系不睦，两人曾有过争执，吵得不可开交，差点动手打个你死我活。用现在的话来说，两人是死对头，骨子里早就势不两立了。先贤掸觉得凭自己对握衍朐鞮单于的了解，他即位后宁肯放过所有坏人，也不会放过自己这个好人。因此，先贤掸认为，与其坐以待毙，不如三十六计走为上。可是，匈奴地盘是握衍朐鞮单于的，往哪里跑呢？想来想去，先贤掸想到了汉朝，并认为既然留下肯定是死，不如归顺汉朝，或许能找到一条活路。

先贤掸立刻派人与驻扎西域的汉朝使节郑吉取得联系，密商归顺事宜。

郑吉一听，这是打都打不来的胜利啊，不战而屈人之兵，真是上上之策。于是，郑吉立刻对先贤掸表示热烈欢迎，并奏请刘询同意举行盛大的仪式隆重迎接日逐王先贤掸。郑吉征调渠犁、龟兹等国的军队共五万人，亲自迎接先贤掸部落一万二千人归顺。于是，先贤掸率领着小王、将领十二人，由郑吉护送到河曲，避开匈奴追击到达长安。刘询亲自接见先贤掸，封他为归德侯。

日逐王先贤掸归顺汉朝，让西域诸国都很吃惊。他们虽然不知道是匈奴内部矛盾逼得先贤掸投奔汉朝，但在这个过程中看到了汉朝皇帝的仁义、汉军的威武。在他们看来，匈奴单于这个靠山是不行了，人家自己都自顾不暇了，哪里还能顾得上我们呢？于是，西域南道诸国不再犹豫，决定一起投奔汉朝，甚至原先忌惮匈奴的西域北道诸国也立刻与汉朝恢复关系。

郑吉抓住时机，与西域北道诸国重建外交关系。随后，刘询封郑吉为安远侯，让他以都护的身份管理车师以西的西域地区。郑吉在离阳关二千七百余里的乌垒城设立西域都护府，直接管理西域三十六国。这标志着西域地区正式纳入汉朝版图，由汉朝统一管辖。

匈奴单于握衍朐鞮一听日逐王先贤掸归顺汉朝，恨得咬牙切齿。握衍朐鞮单于本来看到先贤掸就恨不得一刀宰了，听到他远离自己而投奔了汉朝就更加愤怒了，而他愤怒的当然不是先贤掸的离去，是没能亲自杀了先贤掸。握衍朐鞮单于把这腔怒火烧向了日逐王先贤掸的两个弟弟，心想：杀不了逃跑的，那就杀留下的。于是，握衍朐鞮单于把先贤掸的两个可怜的弟弟抓起来杀了，以解其对先贤掸的心头之恨。

这时，有个部落首领叫乌禅幕，看不惯这种杀戮，就替先贤掸的两个弟弟求情。乌禅幕的部落原本夹在康居与乌孙之间，势单力薄，不断受到康、乌两国的攻击，可以说是两头受气，生存困难。于是，乌禅幕索性率领他的数千部属，归降了匈奴。乌禅幕与前任匈奴单于们关系都很好，此前的狐鹿姑单于为了表示对乌禅幕的信任，还把自己的侄女嫁给了他，让他长期居住在匈奴东部。

乌禅幕还有一个身份，他是虚闾权渠单于的太子稽侯狦的岳父。稽侯狦本是虚闾权渠单于指定的王位继承人，但没想到被右贤王屠耆堂抢先一步夺了王位成为握衍朐鞮单于。稽侯狦知道留在匈奴王庭凶多吉少，早晚都是死，便趁着对方还没动手先逃到了岳父乌禅幕处。

对于乌禅幕的求情，握衍朐鞮单于严词拒绝，坚持将日逐王先贤掸的两个弟弟处死。为了显示自己兵多将广、拥护者众，握衍朐鞮单于还将族兄薄胥堂封为新的日逐王。这不仅让乌禅幕觉得没面子，更觉得握衍朐鞮单于任人唯亲，与他合作恐怕凶多吉少，便生出了诸多不满。

神爵四年（前58），匈奴一个权力不大的左奥鞬王逝世。握衍朐鞮单于立左奥鞬王的小儿子为奥鞬王，却将他留在王庭供职，不准他回去接管部落，这相当于将奥鞬王软禁起来。奥鞬部落的贵族一看，认为握衍朐鞮单于扣留奥鞬王欺人太甚，于是商量后决定立左奥鞬王的另一个儿子为新奥鞬王。意思是，握衍朐鞮单于扣的那个奥鞬王我们不要了，爱留就留着，反正我们有新王了。同时，奥鞬部落商量后决定：与其受欺负，不如迁走。由于游牧部落本来就是逐水草而居，奥鞬部落便向东迁移了。

握衍朐鞮单于一看，刚叛逃一个日逐王先贤掸，现在又要跑一个奥鞬王，这样下去自己不成光杆司令了吗？于是，握衍朐鞮单于命令右丞相率一万骑兵追击。然而，追的人要命，跑的人不要命，要命的当然跑不过不要命的。因此，握衍朐鞮单于的军队损失了好几千人，也没能阻拦住奥鞬部落远走高飞。

乌桓部落一看匈奴东部边界发生内乱，便趁机进攻匈奴，掳掠走不少民众。握衍朐鞮单于认为这是防守东部的姑夕王作战不力，遂大发雷霆，下令严加惩处。姑夕王吓坏了，考虑到自己的生命安全，决心自救。

怎么自救呢？敌人的敌人就是朋友。于是，姑夕王立刻想到了两个人：一个是左谷蠡王。握衍朐鞮单于即位时获得了左贤王的支持，但左贤王与左谷蠡王不是一路人，互相怎么看对方都不顺眼。于是，左贤王会在握衍朐鞮单于面前说左谷蠡王的种种不是，这让左谷蠡王的属下都很担心，怕什么时候天上会掉下一个罪名来，弄不好就丢了性命。另一个是乌禅幕。乌禅幕是要资历有资历、要身份有身份、要能力有能力，关键是人家那边还有虚闾权渠单于指定的继承人稽侯狦，但没想到握衍朐鞮单于对乌禅幕的求情是僧面不看佛面也不看，让其心灰意冷而对匈奴的乱局冷眼旁观。

于是，左谷蠡王、姑夕王、乌禅幕与属下一商量，决定拥立虚闾权渠单于指定的王位继承人稽侯狦为单于，史称呼韩邪单于。

这样一来，匈奴国内就有了两个单于，一个是握衍朐鞮单于，一个是呼韩邪单于。随后，呼韩邪单于打出了讨伐握衍朐鞮单于的旗号，要清算他凶狠残暴、滥杀无辜的罪行，动员四五万人向西攻击，并迅速挺进到姑且之北。

握衍朐鞮单于是靠阴谋夺取王位的，平时喜欢自夸，吹嘘自己的淫威，但真的硬碰硬地去打仗就立刻原形毕露了。握衍朐鞮单于也知道自己的能力几何，他不敢迎战，只得一边率军逃亡，一边通知他的弟弟右贤王前来援助。俗话说"打虎亲兄弟，上阵父子兵"，没想到握衍朐鞮单于的弟弟右贤王却给了他一个最简单的回复——"你去死吧"。

为了让握衍朐鞮单于死得明白，右贤王还说："你平时没有一点爱心，大肆屠杀兄弟跟贵族。你回去死，不要弄脏了我的地方！"

握衍朐鞮单于又恨又怒，要是平时肯定又该杀人解恨了，可这次没人可杀了。但是，握衍朐鞮单于又不敢杀敌，最后恶狠狠地举起刀往自己的脖子上一抹——自杀了。左大且渠都隆奇一看握衍朐鞮单于死了，也抛下他的部落只身投奔了右贤王。

呼韩邪单于这一仗打得顺利，没有损伤一兵一马，就收编了握衍朐鞮单于和都隆奇的部队。随后，呼韩邪单于率领大军继续挺进。回到匈奴王庭后，呼韩邪单于稍微稳定局势，整顿兵马，准备攻击右贤王。

右贤王一看形势不妙，干脆与都隆奇一起拥戴握衍朐鞮单于的族兄、日逐王薄胥堂为单于，史称屠耆单于。由于他们居住在匈奴西部，史称西匈奴。

西匈奴也发动数万军队，向东袭击呼韩邪单于。呼韩邪单于率军迎战，但被打得一塌糊涂，丢掉了匈奴王庭，只好向东撤退。于是，屠耆单于也不再追赶，直接进驻匈奴王庭。这时，匈奴实际分裂为东、西两部分。由于两个单于都是自立为王，他们谁也不服谁，各自为政。

匈奴内部打得不可开交，汉朝重臣们也对此议论纷纷。其中，普遍的意见是："匈奴侵扰我们边境太久了，现在是好机会，应该出动大军趁火打劫，一举歼灭。"

刘询听后沉思了很久，征求御史大夫萧望之的意见。萧望之的主张是趁机讲和，他的理由是：

> 前单于慕化乡善称弟，遣使请求和亲，海内欣然，夷狄莫不闻。未终奉约，不幸为贼臣所杀，今而伐之，是乘乱而幸灾也，彼必奔走远遁。不以义动兵，恐劳而无功。宜遣使者吊问，辅其微弱，救其灾患，四夷闻之，咸贵中国之仁义。如遂蒙恩得复其位，必称臣服从，此德之盛也。[①]

萧望之认为，匈奴是游牧民族，一贯是打得过就打，打不过就跑，如果乘乱进军，不过是把匈奴赶得远远的，但过不了多久他们会重新集结南下。与其这样没完没了，不如彻底让匈奴心服口服，那就要秉持道义以对。现在匈奴已经没有力量与汉朝作对，我们应当采取和平策略，让他们认识到汉朝是仁义之邦，这样才能彻底实现两国的睦邻友好。

刘询也决定先等等看，暂时坐山观虎斗。匈奴各方不断有使者前来，刘询都一一隆重接待，态度是谁也不支持，谁也不得罪。换句话说，就是你们先打着，等打得差不多了，我再出面调和。

五凤二年（前56），匈奴单于们继续互相攻打。

呼韩邪单于命他的弟弟右谷蠡王，率军攻击屠耆单于大获全胜，斩

---

① 《汉书·萧望之传》，中华书局，1962年，第3279—3280页。

杀、俘虏了一万余人。屠耆单于非常震怒，亲率骑兵六万人反攻，又被以逸待劳的呼韩邪单于打得落花流水。屠耆单于一看部队没了，就自杀了。都隆奇见大势已去，不可能东山再起，就带着屠耆单于的幼子投降了汉朝。

匈奴人在统一时都将汉朝看成敌人，在分裂时却将汉朝看成亲人，不是他们对汉朝亲，而是留在匈奴只有死路一条。这时候，匈奴只剩下呼韩邪单于一个单于，但历史并没有这么轻易就让他统一匈奴。屠耆单于的堂弟休旬王一看呼韩邪单于也就那么一点兵力，认为他不配做单于，也没有能力统一匈奴。于是，休旬王在匈奴西部宣布独立，史称闰振单于。与此同时，呼韩邪单于的哥哥左贤王也在匈奴东部宣布独立，史称郅支单于。

这样一来，匈奴又一分为三。在三个单于中，力量最弱的是闰振单于。闰振单于为了赢得战争，派弟弟到长安做人质，向汉朝保证不再南侵，希望汉朝支持他。刘询便宣布将驻扎在西北的军队裁减二成，以示支持。于是，闰振单于自认为有了汉朝的支持，就率军向东攻击郅支单于，却没想到兵败被杀，部队也被收编了。收编了闰振单于的部队后，郅支单于的力量最强，遂乘胜攻击呼韩邪单于。呼韩邪单于那点兵力根本抵挡不了郅支单于的大军，被打得落花流水，大败。随后，郅支单于进入匈奴王庭，名义上控制了匈奴。

五凤四年（前54），呼韩邪单于被耗得筋疲力尽。此时，呼韩邪单于统一匈奴的努力彻底落空，他好不容易打败了屠耆单于，但休旬王、左贤王又自立为单于且力量更强。当然，没有了秩序的匈奴地区，必定长期陷于战乱之中。如今，究竟应该何去何从？呼韩邪单于决定召集部属开会商议。在会上，左伊秩訾王提出了一个极具想象力且也让大家震惊的建议：归顺汉朝，借助汉朝的外援平定内乱，维持匈奴的统一。

呼韩邪单于征求贵族和高官们的意见，听到的是一片激烈的反对声。他们的理由是：匈奴自古崇拜英雄，立国精神就是生命不息、战斗不止，大丈夫宁可战死疆场，也不能低三下四地去依附他国。匈奴单于们的争斗不过是兄弟争夺，将来不是哥哥胜就是弟弟胜，无论谁胜土地总在自己人之手。如此，何必要背叛祖先，屈服汉朝，让各国讥笑呢？

左伊秩訾王继续跟大家辩论，他的理由很现实：这些大道理谁都会说，毕竟大话谁不会说呢？但现在形势不同了，汉朝控制了西域诸国，匈奴领土缩小，根本没有能力收复失地。郅支单于要杀我们，如果我们不侍奉汉朝就随时都有生命危险，只有归顺汉朝才能获得安全保障。现在，要么被自己人杀死，要么侍奉汉朝好好活着，你们说哪个更好呢？

呼韩邪单于看部下谁也说不服谁，最终拍板：率领部属南下，先靠近汉朝边境。为了表示郑重，呼韩邪单于派他的儿子铢娄渠堂亲自到长安和谈，并愿意充当人质。郅支单于一听，觉得你能找靠山我也能找，于是他也派自己的儿子驹于利受到汉朝和谈。

刘询以同等礼节接待了匈奴的两位王子，谁也不得罪。

甘露二年（前52），呼韩邪单于率领部属抵达位于汉匈边界的五原要塞，并派使者入关，表示愿意呈献国宝，定于次年正月正式前往长安朝见刘询。

这是一个使汉朝全国上下震撼的消息，汉匈打了一百多年，如今匈奴终于认输了。此前，汉匈两国的交锋，打平是签订合约，双方以兄弟相称；若打败，失败者就要向胜利者朝贡，双方以君臣相称。这次呼韩邪单于表示要朝见，这相当于承认匈奴愿意做汉朝的属国。

刘询让群臣讨论决定以何种礼仪规格会见匈奴单于。其中，丞相与御史的建议是：按照旧制，先京师后诸侯，先诸侯后夷狄，因此匈奴单于朝贺，地位应跟王平等，座位当在王之下。

太子太傅萧望之提出异议，他认为要想建立稳定长久的睦邻友好关系，不应该把匈奴看成汉朝的臣属，而应当看作国家的贵宾，地位在王之上。现在，外夷愿意归附，低头称臣，而我国表示谦让，不让他称臣，平等相待，这样便能以德服人，让匈奴心服口服。

刘询采纳了萧望之的意见，下诏说："匈奴单于愿意在正月初一前来朝觐是抱着诚意而来，我们以国宾之礼接待，使单于位于亲王之上。拜谒时只称臣，不称名字。"也就是说，刘询决定以主宾之礼接待呼韩邪单于。

甘露三年（前51），南匈奴的实际掌控者呼韩邪单于抵达长安，受到刘询的隆重接待。呼韩邪单于自称"藩臣"，不加报名字。刘询赠送以汉制的官帽、官服和黄金铸成的单于印信，配以绿绶带。如此　来，这就相当于向天下宣布：南匈奴成为汉朝的属国，从此归附汉朝。同时，南匈奴的称臣，也标志着汉朝取得了对匈奴战争的阶段性胜利。

刘询让呼韩邪单于下榻长平观，而他从甘泉宫出发东下，住宿池阳宫。随后，刘询和呼韩邪单于两人登上长平阪，举行盛大的会见仪式。

为了让呼韩邪单于体会到汉朝的真诚相待，刘询先让人告诉呼韩邪单于见面时不要叩头。

汉匈两国首领的这次会面，是西汉一场空前绝后的盛典。匈奴随行人员列队观礼，其他外国君王、使节、部落酋长以及汉朝的王、侯等数万人在渭河桥头夹道相迎。随后，刘询在建章宫设国宴款待呼韩邪单于，并邀请他参观汉王室。

呼韩邪单于在长安逗留了整整一个月，二月时才返回匈奴。临行之前，呼韩邪单于请求刘询准许他的部众移居瀚海沙漠南的光禄塞，这样一旦有紧急情况可以撤退到受降城，并将汉朝作为后院以全力对付北匈奴。刘询当即允准，令长乐卫尉董忠、车骑都尉韩昌率骑兵一万六千人，征调沿边各郡步骑兵部队数千人，一同护送呼韩邪单于返回南匈奴。

为了显示对南匈奴的支持，刘询下令董忠大军进驻南匈奴王庭协防，帮助呼韩邪单于控制局势。刘询又赠送边郡储藏的粮食，帮助南匈奴度过饥荒。汉朝视南匈奴为盟友，先后赠送三万四千斛粮食。

就在呼韩邪单于朝见刘询时，北匈奴的郅支单于已拥有五万人的兵力。郅支单于认定呼韩邪单于前去汉朝是去投降，汉朝一定会将之软禁起来，这样自己就成为匈奴唯一的大单于并可以统一匈奴了。此时，郅支单于觉得应该一鼓作气，趁着南匈奴无力北上之时先平定匈奴西部。就在郅支单于亲率大军西征的途中，却传来了让他不敢相信的消息：汉朝不仅没有扣留呼韩邪单于，反而运送粮草支持南匈奴并派军协防。

这让郅支单于非常沮丧，他彻底清醒了：自己的兵力不仅不能统一匈奴，而且无法与获得汉朝支持的呼韩邪单于一比高下。万般无奈之下，郅支单于只好硬着头皮向西转移，吞并了一些小国，最后在匈奴西部找到了一块立足之地。

呼韩邪单于则乘机率军北上，控制了匈奴王庭，统一了匈奴大部分地区。郅支单于只能在匈奴与西域交界处滋扰一下周边的小国，却无力再给呼韩邪单于造成威胁，更无力再南侵。

到了汉元帝建昭二年（前37），甘延寿、张汤率远征军直接将郅支单于灭掉。四年后的竟宁元年（前33），呼韩邪单于向汉朝提出和亲。汉元帝刘奭（汉宣帝刘询之子）选派宫人王嫱（王昭君）出塞和亲，结束了百余年来汉朝同匈奴之间的战争局面，并得以长期保持睦邻友好。这是后话。

匈奴归顺汉朝，震动了西域诸国。原来，很多年以来，在西域诸国中，凡是跟匈奴接壤的国家一直敬畏匈奴，瞧不起汉朝。直到汉武帝时期开通西域，西域诸国对汉朝的态度才有所转变，但在骨子里仍然忌惮匈奴，不敢义无反顾地倒向汉朝。但是，刘询利用匈奴内乱，采用合纵连横的策略，削弱了匈奴的势力，取得了汉匈战争的根本性胜利。

匈奴的归顺，不禁让刘询思绪万千。刘询想到了西汉立国以来的种种艰辛，想到了曾祖父汉武帝以来的经营，想到了自己即位以来的励精图治，觉得如今之所以能够取得对西域的历史性胜利，首先应该感激的是那些殚精竭虑的辅佐大臣，如霍光、张安世、韩增、赵充国、魏相、丙吉、杜延年、刘德、梁丘贺、萧望之、苏武等。于是，刘询将其中居功至伟的十一人绘在麒麟阁上，以示对他们的敬重和纪念。

这一年是甘露三年（前51），刘询即位已经二十三年，时年四十岁。

其实，从征和二年（前91）到甘露三年的四十年里，刘询实现了人生的华丽转身——从死囚到明君，而在这个过程中有人冒死保护他，有人全力支持他，有人尽力辅佐他。刘询会如何对待那些雪中送炭的恩人和贤臣呢？

第十四章　情深义重

汉宣帝刘询之所以能够在"文景之治"后形成一个被史家津津乐道的"昭宣中兴"，主要有两个关键原因：一在于用人。刘询能够选用君子治国，让贤良在位，这样朝廷就能担当起政治道义，所有的决策就不是出于帝王的私利，而是出于公义。二在于用心。一个官员要是真的为百姓好，百姓是能感受到的，而一个皇帝真的忧国忧民，大臣也是能体会到的。

刘询常与丞相魏相、御史大夫丙吉阅览保存的老卷宗、旧奏章，探寻汉朝自立国以来国家治理的得失成败。自汉朝立国以来，有很多聪明睿智的人提出过很多建议、意见甚至是批评，如汉文帝时的贾谊、汉景帝时的晁错、汉武帝时的董仲舒，他们不仅文章写得好，而且有很多真知灼见。魏相常将其中有价值、有意义、有见识的内容选出来呈报给刘询，供其参考。刘询还请致仕回乡的官员、巡查到各地的属下尽可能地把看到的吏治、旱灾、贫富等情况如实报告上来，以作为决策参考。其中，桓宽整理了汉昭帝时盐铁会议的"会议纪要"，并以《盐铁论》一书呈现，成为王朝中国历史上最为重要的治国理政的制度性反思。

魏相尽职尽责，丙吉忠诚厚道，因此刘询非常倚重他们，彼此配合默契。

元康三年（前63），掖庭有一个宫婢做错了事，受到责罚。为了免罪，她让在民间的丈夫上书刘询，说自己当年在监狱里曾有抚养皇帝的功劳。刘询一看，自己幼时确曾在诏狱中待过，遂将其上书转给掖庭令调查。

掖庭令一看，发现此事还提到了一个关键的证人丙吉。他不敢大意，便带着宫婢来到御史府向御史大夫丙吉求证。这个宫婢确实在诏狱中做工，也确实曾照顾过幼时的刘询，丙吉还认识她。然而，丙吉却告知这个人是真的，但照顾之功是假的。丙吉直接对这个宫婢说："你抚育皇曾孙时，曾经因为照顾不周，我还鞭打过你，你有什么功劳？只有渭城人胡组、淮阳人郭征卿①（《汉书·宣帝纪》作"赵征卿"），才真正对当今皇帝恩重如山。"

事情已经查明，掖庭令与丙吉分别向刘询陈述了胡组、郭征卿当年尽心养育之恩。刘询非常震惊，没想到自己是这么死里逃生的，遂下诏寻访胡组、郭征卿两位奶妈。但事情已经过去近三十年了，胡组、郭征卿二人早已逝世。刘询要报答她们的恩情，就赏赐了她们的子孙。

刘询在调查报告中发现丙吉居然对此事了如指掌，觉得其中必有蹊跷。于是，刘询让魏相专门查阅当年的卷宗和文书，并决定自己亲自追查此事。一调查，刘询才发现丙吉不仅救了自己，而且对自己还有非常重的恩德。不过，性情敦厚的丙吉认为自己做的事只求对得起良心，没必要记住，更没必要跟任何人说。因此，近三十年过去了，几乎无人知

---

① 在狱中照顾汉宣帝刘询的奶妈"征卿"的姓氏有不同版本，《汉书·宣帝纪》作"赵征卿"，《汉书·丙吉传》作"郭征卿"，实为同一人。参见《汉书·宣帝纪》，中华书局，1962年，第235页；《汉书·丙吉传》，中华书局，1962年，第3144页。

晓丙吉曾救助刘询的事。

一个人做点好事并不难，难的是一辈子只做好事不做坏事，更难的是做了好事还不让任何人知道。就凭这一点，丙吉的为人就可见一斑。对丙吉这种真正的厚道和谦和，可以想象刘询当时是如何的心潮澎湃，如何对丙吉充满了感激之情。

刘询认为丙吉是一个真君子，是一个德才兼备的大贤人，应该予以表彰和奖赏。于是，刘询对魏相说："朕没有显贵以前，丙吉对朕有恩，无德不报。要封丙吉为博阳侯，食邑一千三百户。"没想到，刚刻好给丙吉的印信，丙吉却病倒了。刘询担心丙吉病逝无法加封，自己会终身遗憾，便想趁丙吉还活着时派人拿着印信去为其封侯。这时，太子太傅夏侯胜劝刘询说：

> 此未死也。臣闻有阴德者，必飨其乐以及子孙。今吉未获报而疾甚，非其死疾也。[1]

夏侯胜常在大家一筹莫展之际说出一些让好人宽心、让恶人紧张的话，听起来很玄虚，却又有点灵验。换句话说，就是所谓"好人一生平安，好人自有好报"。

果然，不久之后，丙吉的病好了。丙吉一看赏赐这么重，拒绝得很坚决，并上书说："当年救您，是出于良心；推荐您即位，是为国分忧。

---

[1]《汉书·丙吉传》，中华书局，1962年，第3144页。

这些都是分内之事，皇上不必赏赐。"刘询坚持要封赏丙吉，意在鼓励知恩图报的风气。

神爵三年（前59），魏相去世，丙吉接任丞相。丙吉做丞相后，一如既往地宽怀大度，谦虚好礼，体谅他人。掾史犯了罪，丙吉便让他们主动去职，不去查办。属官、掾史有了过失，丙吉总是对其掩过扬善。例如，丙吉的车夫爱喝酒，常常失职。有一次车夫载丙吉外出，没等丙吉开始喝酒，车夫却喝得大醉，还把酒吐在车上。丞相府管家很生气，跟丙吉建议赶走这个车夫。丙吉却认为因为这点小错赶走车夫，会让他无处容身，便让他继续驾车。

车夫来自边郡，熟知边塞警备之事。有一次外出，车夫刚巧看见传送情报的驿官拿着赤白相间的信囊，知道这是边郡的告急文书。车夫一打听，知道匈奴入侵云中郡、代郡，立即赶回丞相府向丙吉报告，并建议说："匈奴之所以敢入侵这些地方，一定是当地官员出了问题，要么年迈，要么有病，要么畏惧，建议您先调查清楚。"于是，丙吉就先让属下访察边郡官员，了解详情。刚了解一半时，刘询召见丞相、御史大夫，询问匈奴入侵之地的官吏情况。丙吉有备无患，从容回答。御史大夫萧望之没有准备，仓促应对，被责备了一顿。这样，丙吉、萧望之两人一对比，刘询更认为丙吉忧虑边防、恪尽职守。事后，丙吉大发感叹，说出了"宰相肚里能撑船"的秘诀：

　　　　士亡不可容，能各有所长。向使丞相不先闻驭吏言，何见劳勉之有？[1]

人做事分三种境界：一是用手做。推推动动，拨拨转转，实际上是在应付差事。二是用脑子做。做一件事想得最多的是自己能得到什么好处，对自己有利的就认真做，对自己不利的就应付做或者不做。三是用心做。做任何事都要对得起自己的良心，对得起自己的职业道德，就是管理上所说的天下归心，即以心换心，让部属、天下人都知道自己的心性，能够用心做事。因此，最高境界的管理技巧，是不用技巧，而是用心。

还有一次，丙吉驾车外出，正好碰上路人打架，路边躺着许多死伤者。但丙吉经过时不闻不问，部属们很是惊讶：丙丞相可是当今最善良的人，为什么对此无动于衷呢？往前走了不远，碰上有人正在赶牛，牛喘着气、吐着舌头，看起来很疲惫。丙吉却停下车，派侍从上前询问："赶牛走了几里了？牛都累成这个样子了。"部属们几乎要出离愤怒了：丙丞相这是该问的不问，不该问的却问，真是莫名其妙！丙吉听到背后叽叽喳喳的议论，解释说：

> 民斗相杀伤，长安令、京兆尹职所当禁备逐捕，岁竟丞相课其殿最，奏行赏罚而已。宰相不亲小事，非所当于道路问也。方春少阳用事，未可大热，恐牛近行，用暑故喘，此时气失节，恐有所伤

---

① 《汉书·丙吉传》，中华书局，1962年，第3146页。

害也。三公典调和阴阳，职所当忧，是以问之。[1]

部属们这才明白，丞相应该如何识大体、顾大局，如何抓住大问题来解决，而不是简单地只看到眼前的细枝末节。

五凤三年（前55）春，丙吉病重。刘询到病榻前探望丙吉，问道："假如您有个三长两短，谁可以代替您呢？"丙吉回答："大臣们的行为才能，圣明的君主您最清楚，我不太了解。"刘询坚持询问，丙吉只好说："西河太守杜延年明晓法律，知道国家治理的根本，守西河有政绩。廷尉于定国执法公道，经他判决的人都不觉得冤枉。太仆陈万年孝顺，做事公正厚道。这三个人的才能都比我强，陛下可留心考察。"

丙吉去世后，刘询让御史大夫黄霸接任丞相，征召杜延年任御史大夫。杜延年因病去职后，于定国接任御史大夫。黄霸病逝后，于定国继任丞相，陈万年接任御史大夫。他们都非常称职，刘询认为丙吉有知人之明，替自己建立好了"人才梯队"，这才成就了"昭宣中兴"。

丙吉知人善任，是基于他对人性的判断。丙吉的儿子丙显年少时做过府曹小吏，曾跟随刘询去高庙祭祀。在正式祭祀的前一天，丙显才派人出去取斋戒的衣服。丙吉知道后很生气，对夫人说："宗庙祭祀要求庄重，丙显不恭敬、不谨慎，不是一次两次，而是天性如此，将来一定会酿成大祸。"丙显知道后，记住了父亲丙吉的教诲，在很长时间里能做到谦虚谨慎。汉元帝时期，丙显出任太仆，却忘记了父亲丙吉的警告，

---

① 《汉书·丙吉传》，中华书局，1962年，第3147页。

贪污千余万钱。有司奏请将其法办，汉元帝刘奭说："已故丞相丙吉对孝宣皇帝有旧恩，朕不忍杀他的儿子。"刘奭只是免去丙显的职务，削去食邑四百户。

关于丙吉曾经救助刘询的事，可能有人会产生一些疑惑：这件事真的能隐瞒那么久吗？实情确实如此，丙吉还是主动隐瞒的。

班固在《汉书》中记载，在汉元帝时，长安一个叫尊的士兵在上书中曾谈起这件事。这个士兵说自己年少时曾做过郡邸小吏，见到皇曾孙刘询被关在郡邸监中。丙吉见皇曾孙无辜受难，动了恻隐之心，遂挑选女犯人养育皇曾孙，他本人也常去看护。士兵还说自己曾多次在郡邸庭陪皇曾孙玩耍过。后来，汉武帝下诏杀死全部犯人，但丙吉不避严刑峻法，保全了皇曾孙。遇到大赦，丙吉对守丞令说，皇曾孙不应当再被关在里面了，让他请求京兆尹放人。没想到的是，京兆尹不敢担责任，又送了回来。照顾皇曾孙的奶妈胡组、郭征卿刑期已满后，皇曾孙对其恋恋不舍，于是丙吉自己出钱雇了胡组、郭征卿照顾皇曾孙。丙吉生病时，总是让这个士兵替他去探望皇曾孙，看看被褥的干湿厚薄。丙吉还常告诫胡组、郭征卿，要她们寸步不离地守在皇曾孙身边，好让皇曾孙能精神愉快地健康成长。

在这位士兵看来，当时丙吉哪里会料到皇曾孙后来能做皇帝？哪里会想到能求得回报？丙吉做这些，全在于他自己心地善良。实际上，当年汉宣帝刘询在世时，这位士兵曾上书说明当时的情状，奏书到了丙吉手里，丙吉却删去了有关自己的内容，将功劳全部给了胡组和郭征卿。于是，这位士兵担心有一天自己死去，没人知道丙吉的功劳，遂再次上书提醒汉元帝多照顾丙家。

刘询另一个最感激之人是掖庭令张贺。当年，掖庭令张贺多次向弟弟车骑将军张安世赞扬还是尚冠里"待业青年"的刘询，如何有才干、如何有神灵保佑等。张安世每次都阻止张贺继续说下去，认为当时在位的汉昭帝年纪还轻，不应该屡次提及失去帝位的皇曾孙刘询。

刘询即位时，张贺已经逝世。张安世对此前自己说过不能赞扬刘询的话很在意，但刘询安慰张安世说："当时掖庭令赞扬我，你阻止他，那是对的。"刘询让张安世放心，说当年要是都能看出他能当皇帝，他就会有性命之忧了。

刘询经常追念张贺的恩情，要追封他为恩德侯，专门派人给张贺守墓。由于张贺的儿子早死，张安世早前就把小儿子张彭祖过继到张贺名下，以继承香火。张彭祖与刘询年龄差不多，两人从小就一起玩耍、读书。于是，刘询让张彭祖继承张贺的爵位。但张安世认为张彭祖不该接受刘询给张贺的封赏，并要求减少为张贺守墓的人数。刘询严肃地对张安世说："我是在封掖庭令张贺，不是封你！"张安世这才不再拒绝。张贺还有一位孤孙张霸，七岁时被刘询任命为散骑、中郎将，封关内侯。

刘询对当年在郡邸监里照顾过自己的、在掖庭令里关照过自己的人，或升官加俸，或赏赐田亩、住宅、财产。张安世父子都封了侯爵，位高权重。不过，张安世见过霍光家族的盛极而衰，既然辞不去官爵，就坚决辞去薪俸。刘询看张安世如此坚持，知道张安世的担忧，就下令让大司农把张安世应得的俸禄以"无名钱"储存，后来累积到一百万钱左右。

　　张安世决心不再成为第二个霍光，总是低调谨慎。每次入宫与刘询讨论，张安世都绝不向任何人透露消息。等到刘询决定时，张安世就声称有病出宫休养，装作不知道。听见颁下诏书，张安世才假装大吃一惊，派人到丞相府探问，以至于朝廷高官没有人知道他曾经参与大计，觉得他是被刘询搁置起来了。张安世曾经暗中保荐一人做官，没想到这人却前来致谢。这让张安世大为懊悔，说："我是为朝廷选拔人才，怎么牵扯到私人关系？"从此，张安世拒绝再与这人交往。有一个郎官功劳很大，却始终没有升职，于是他直接向张安世请求晋升。张安世说："你的功劳，皇上自然知道。我们当臣僚的，不应该自己评短论长！"不过，张安世虽然当面拒绝了，但暗中还是给予帮助以使他得到提拔。

　　张安世家族的低调，也是中国历史上少有的奇观。张夫人亲自纺纱制衣，家里七百仆人都安心做事，专心生产，没有浪费，更不会挥霍。日积月累，张安世积累的财富早已经超过霍光，却无人知晓。张安世的儿子张延寿一直在贫困的北地郡任太守，直到张安世去世时才被刘询征召回京，出任尚书左曹、兼任太仆。

　　刘询在位时，除了报答对自己有恩的功臣之外，还下令查访西汉开国功臣的后裔，追念他们的功勋。经查访，开国功臣之后由于种种原因丧失爵位的有一百三十六人，刘询每人赏赐黄金二十斤，免除他们的田赋，让他们得以祭祀先祖。通过这些表彰，刘询让天下人知道，只要为汉朝的建立、发展和稳定做出过牺牲、做出过贡献的人，朝廷不仅不会忘记，而且无论何时何地都会给予尊敬和缅怀。由此，刘询此举鼓励了天下志士、豪杰、儒生为汉朝奉献毕生精力。

其中，刘询对待韦玄成的事迹最有说服力。韦玄成的父亲韦贤生性淳朴，淡泊名利，一心一意专注读书，精通《礼》《尚书》。韦贤曾给汉昭帝讲授《诗经》，后拥立刘询即位，出任长信少府。本始三年（前71），丞相蔡义去世，七十多岁的韦贤接任。五年后，韦贤年老多病，请求致仕。刘询认为韦贤年岁太高，不宜再辛劳，便赐给黄金一百斤，批准了他的请求。在此之前，汉朝的丞相要么在任上病逝，要么被皇帝处死，而韦贤是第一个活着致仕的丞相，由此开启了官员年老致仕的传统。

韦贤病逝时，刘询赐予"节侯"的谥号。按照惯例，爵位可以由儿子继承。然而，韦贤的大儿子韦方山早逝，自然不可能继承爵位；二儿子韦弘为太常丞，负责宗庙祭祀，管理各地陵墓，事务繁杂，容易犯错，而一旦犯错爵位会被降低或者削除，因此也不能继承爵位。于是，韦贤家族便商议，假托韦贤有遗嘱，让韦玄成继承爵位。韦玄成一听，知道不是父亲韦贤的本意：接受，对不起父亲；不接受，等于向外人宣布，家族的人伪造遗嘱。

怎么办呢？装疯。韦玄成要让所有人知道自己不能继承爵位，只能够由兄长继承。韦玄成装得太像，他躺在大小便上满口胡话，经常跑到人前又哭、又叫、又闹。等韦贤葬礼完毕要举行爵位继承仪式时，韦玄成已经"疯狂"得无法前往。

办理爵位继承仪式的大鸿胪将此事奏报刘询，刘询让丞相、御史查办。负责查办的人知道韦玄成"贫贱不移，威武不屈"，不是一个能轻易疯掉的人，认为他是为谦让爵位而有意为之。为了让韦玄成回心转意，他们就写信给这个"疯子"："你毁坏容貌、装疯卖傻，小聪明岂能赢得大名声，希望你改正错误，不要为求高洁却受到惩处。"就在大家要求严惩时，韦玄成的挚友上书刘询："圣王治国，尊敬礼让。还请优待韦玄成，让他安心过贫苦生活。"刘询便下诏说："不必处罚，只要他袭爵就行。"就这样，韦玄成不得已而继承了父亲韦贤的爵位。

其实，刘询非常欣赏韦玄成宁肯毁伤自己的形象也不愿毁掉父亲和家族的名声，宁肯自己贫穷也不愿抢兄长爵位的行为，而这比那些自吹自擂、争名夺利之徒强多了。由于韦玄成在谏大夫、大河都尉的任上有口皆碑，刘询断定他是一个识大体、顾大局的好官员，而这样高风亮节、礼让谦逊的官员当然要重用，于是就任命他为河南郡太守。

几年之后，韦玄成被召回长安，出任未央卫尉、兼任太常。当时，刘询与张婕妤生的儿子刘钦被封为淮阳宪王，平时留心政务，通晓律令。刘询让韦玄成出任淮南中尉，辅佐刘钦读书。其后，刘询觉得刘钦不同凡响，一度想让刘钦做皇位继承人。

其实，这是因为刘询认为太子刘奭温柔仁慈，喜好儒术，所以才有了让刘钦做继承人的想法。一次吃饭时，刘奭给父亲刘询提了个意见："陛下持刑太深，宜用儒生。"[1]没想到刘询一听此言，也说了一段著名的话：

　　汉家自有制度，本以霸王道杂之，奈何纯任德教，用周政乎！

---

[1]《汉书·元帝纪》，中华书局，1962年，第277页。

　　且俗儒不达时宜，好是古非今，使人眩于名实，不知所守，何足
委任！ ①

　　刘询认为治理天下需要王道与霸道并用，王道以德治国，霸道以法治
国。当年汉武帝用儒家以德治国的理念，纠正单靠以法治国所形成的制
度刻薄、道德滑坡、人心险恶。德治利于养君子，不利于防小人；法治
利于防小人，却不利于养君子。刘询认为二者相辅相成，不可偏废，但
没想到太子刘奭居然只相信儒生们的德治，不知儒生议论国政靠的不是
行政能力而是儒家经典，而儒家经典的好处是充满理想精神，缺点是经
典太多，彼此矛盾，解释不同，就很容易造成"公说公有理，婆说婆有
理"的现象。顿时，刘询长叹道："败坏我家基业的人，将是太子！"

　　因此，刘询一度想废掉太子刘奭，改立刘钦。当刘询鼓足勇气想
颁诏时，总是想到当年父子俩在尚冠里的艰辛，想到自己和许皇后在
一起的艰难，想到自己从小失去亲人、儿子从小失去母亲的辛酸，最
终还是没有忍心废黜太子刘奭。为了对儒家经典的抵牾之处进行辨析，
刘询组织官员、博士、儒生对儒家经典进行了一次大讨论，对流传下
来的经说进行辨析，以便让太子刘奭知道儒家学说的原委和究竟，如
儒家学说中哪些是精华，哪些是糟粕，哪些是儒家的真传，哪些是后
世儒生的胡说。

---

　　①《汉书·元帝纪》，中华书局，1962年，第277页。

第十五章　石渠经议

　　甘露三年（前51），刘询在未央宫石渠阁召开会议，下诏让韦玄成、萧望之、刘向等饱学之士参与讨论经学。

　　之所以在石渠阁举行，是因为石渠阁是西汉主要的藏经之所。《三辅黄图》记载："石渠阁，萧何造，其下礲（同"砻"）石为渠以导水，若令御沟，因为阁名。"①实际上，石渠阁更像西汉的国家档案馆。汉高祖八年(前199)，萧何主持未央宫的修建，在大殿北侧建造石渠阁，收藏他所得的自秦流传下来的图书、文件和卷宗。汉武帝时收藏书籍，大量图书就放在石渠阁中。此后，汉昭帝、汉宣帝时很多名士在此讨论经义。

　　汉宣帝刘询在石渠阁讨论经义时，"诏诸儒讲《五经》同异，太子太傅萧望之等平奏其议，上亲称制临决焉。乃立梁丘《易》、大小夏侯《尚书》、穀梁《春秋》博士"②。

　　为什么刘询这时要召学者们讨论经义呢？其主要原因有二：

　　一是刘询替太子刘奭考虑。

　　据《汉书·元帝纪》记载，刘询、刘奭父子的观念有差异：

①陈直：《三辅黄图校证》，中华书局，2021年，第125页。
②《汉书·宣帝纪》，中华书局，1962年，第272页。

　　见宣帝所用多文法吏，以刑名绳下，大臣杨恽、盖宽饶等坐刺讥辞语为罪而诛，尝侍燕从容言："陛下持刑太深，宜用儒生。"宣帝作色曰："汉家自有制度，本以霸王道杂之，奈何纯任德教，用周政乎！且俗儒不达时宜，好是古非今，使人眩于名实，不知所守，何足委任！"乃叹曰："乱我家者，太子也！"繇是疏太子而爱淮阳王，曰："淮阳王明察好法，宜为吾子。"而王母张婕妤尤幸。上有意欲用淮阳王代太子，然以少依许氏，俱从微起，故终不背焉。①

太子刘奭就是后来的汉元帝。刘奭认为，刘询用了太多信奉法家学说的人做官吏，而他明确主张要用儒家的学说治国。刘询却对太子刘奭的主张深感忧虑，不仅明确说不能单纯用儒家学说，而且还疏远了太子，甚至一度动了废掉太子的念头，但最后看在早逝的许皇后分儿上并没有因此废掉太子。这就说明，汉宣帝刘询对太子刘奭的忧虑之深。

　　在刘询看来，既然不能更换太子刘奭，就只有修订儒家学说，以保证汉朝的长治久安。刘询为避免儒生"眩于名实，不知所守"，以致误导太子刘奭，就要求阐明儒家经书中很多相互抵牾的地方或者模糊不清的地方，这样就能将太子及未来的儒生纳入"汉家制度"的轨道内。

　　怎么修订？刘询动员了全国的名儒和有代表性的学者来讨论经义，尤其要澄清儒家学说中"眩于名实"的内容，以防止太子刘奭未来被俗

①《汉书·元帝纪》，中华书局，1962年，第277页。

儒牵着鼻子走。

刘询让太子太傅萧望之主持这次会议，主要是树立萧望之的学术权威。萧望之从射策甲科起家为郎，署小苑东门候，历任御史大夫属官、大行治礼丞、谏大夫、丞相司直、平原太守、少府、左冯翊、大鸿胪，最后任太子太傅直接教授太子刘奭。对此，后世唐人颜师古注《汉书》时说，萧望之"钜儒达学，名节并隆，博览古今"①。萧望之是汉宣帝刘询倚重的重臣硕儒，主治《齐诗》，兼学诸经，传《鲁论语》。萧望之是太子的老师，未来要受诏辅佐皇帝。刘询让萧望之主持讨论儒家经义的会议，就是要在儒生中树立他的学术威信。

太常韦玄成是丞相韦贤之子，以门荫入仕，以郎官起家，历任常侍骑、谏大夫、大河都尉、河南太守。黄龙元年（前49），汉元帝刘奭即位，授少傅，迁太子太傅，后任御史大夫。永光二年（前42）春，任丞相。石渠阁会议时，韦玄成是淮南王刘钦的中尉，负责教授刘钦。刘询曾一度想传位给刘钦，因此此时让韦玄成参与会议也是有深意的：假如换了刘钦为太子，韦玄成也建立起了自己的学术威信，足以应对其他的儒生的质疑。

此外，刘询还召集了今文易学"施氏学"的开创者施雠、"孟氏学"的开创者孟喜、"梁丘学"的开创者梁丘贺，今文尚书学"欧阳学"的传人欧阳地余，今文礼学"小戴学"的开创者戴圣，今文经学博士林尊，以及研究《尚书》的周堪、张山拊等人，在石渠阁就当时儒家经典

①《汉书·萧望之传》，中华书局，1962年，第3271页。

的经义问题展开了大讨论。

这次讨论涉及当时所传的五经经义。当时，讨论之后写成奏议给刘询，史称《石渠议奏》，又名《石渠论》。按照《艺文志·六艺略》的记载，这次讨论的内容是：关于《书》有《议奏》四十二篇，关于《礼》有《议奏》三十八篇，关于《春秋》有《议奏》三十九篇，关于《论语》有《议奏》十八篇，其他的《五经杂议》有《议奏》十八篇，总计一百五十五篇。这一百五十五篇已经散佚，从唐人杜佑的《通典》等典籍保存的材料看，可以看出汉宣帝刘询讨论的用意，正是裁决经义中相互抵牾的内容，使后世儒生不再惑于经义的名实。

例如，按照经书记载，乡射告主人乐而大射不告，学者们认为乡射要合乐而大射不合乐，因而不用专门设"正歌备"的环节。又如，他们讨论了父卒母嫁、夫死妻稚子幼改嫁后的服丧，大宗无后的继嗣以及大夫之子为姑、姊妹、女子无主后者的服丧日期等问题。这些在经书中自相矛盾的地方，需要不同师法家法的学者在一起讨论形成共识，只有形成统一的说解，才能在实践中不惑于经义。

此外，他们还对部分经义进行了澄明性阐释。例如，《后汉书·舆服志下》刘昭注引《石渠论》记载了玄冠朝服的形制，戴圣解释玄冠是与东汉的委貌冠相似的略带赤色的黑色礼帽，朝服是上身黑衣、下身白裳的礼服，腰束黑色帛带，下系白色熟牛皮所制的蔽膝。这就为汉代礼制和施用确定了样式，使得经义能够服务于现实。

在五经博士们讨论经义时，有不确定的地方或者自相矛盾时，汉宣帝刘询则亲自裁定使用哪家解释合理，这就使得西汉的经义有了规定性

的标准。例如,《通典》所辑《石渠礼》中有一条:

> 又问:"庶人尚有服,大夫臣食禄,反无服,何也?"闻人通汉
> 对曰:"《记》云'仕于家,出乡不与士齿',是庶人在官也,当从
> 庶人之为国君三月服。"制曰:"从庶人服是也。"[①]

汉宣帝刘询按照自己的理解为五经确定了统一解释,有助于消弭经解之间的矛盾之处,避免了儒生们的无效争论。也就是说,刘询通过朝廷的意志认定统一的意见,从而使得经义成为官方统一解释。这就是刘询召开石渠阁会议的第一个用意,而这就为东汉的白虎观议经和唐代《五经正义》的统一经义做了最初的尝试。

参会的学者们各抒己见,就经典中的字词含义、句读、篇章结构以及所蕴含的微言大义等方面进行了详细的辨析和阐释。刘询亲自参与裁定,将诸儒的讨论结果编成了《石渠议奏》,并将其作为官方对经义的解读。刘询的良苦用心,最初是出于对太子刘奭偏爱儒家学说的担心,即担心俗儒惑于名实会给未来的汉朝带来隐患;但无意之中开辟了经学史的新途径,对经义进行了汇通,解决了秦汉儒生惑于名实的弊端,使得经义在逻辑上可以自洽,形成了自圆其说的解释,为通儒的形成做了铺垫。

二是刘询对其祖父戾太子刘据的怀念。

---

①《通典·礼四十一》,王文锦、王永兴、刘俊林等点校,中华书局,1988年,第2208页。

　　刘询是汉武帝的曾孙，也是戾太子刘据的孙子。刘询即位后，就追祀祖父刘据，谥号为戾，置奉邑二百家为其守墓，以湖阌乡邪里聚为戾园，以长安白亭东为戾后园，以广明成乡为悼园。刘询将戾太子刘据及其夫人进行了改葬。八年后，刘询为戾太子刘据立庙，"益奉园民满千六百家，以为奉明县。尊戾夫人曰戾后，置园奉邑，及益戾园各满三百家"①。这表明刘询不断提高了对祖父刘据的祭祀规格。

　　在这个过程中，刘询注意到了祖父刘据与曾祖父汉武帝刘彻的观念差异，深刻体现在其所信奉的经书上。据《汉书·武五子传》记载，刘据"少壮，诏受《公羊春秋》，又从瑕丘江公受《穀梁》"。②《春秋》是汉代最为重视的经典，记载了春秋时期治国理政的经验。西汉以《春秋》决狱，正是用《春秋》的经义作为司法实践的理据。但《春秋》的内容就像报纸的标题一样非常简练，这就需要对其说的是什么、如何说进行解释。由此，形成了解释春秋的三本书：《左氏传》解释了《春秋》中提到事件的来龙去脉，主要用于叙事；《公羊传》《穀梁传》更多解释《春秋》为什么这样说。

　　如果《公羊传》《穀梁传》只是训诂的阐释，差别就不是太大，但问题在于它们解释《春秋》"微言大义"的时候，也寄托了自己的微言大义，这就使得《公羊传》《穀梁传》二书有了区别。

　　《公羊传》，据说是由战国时齐人公羊高受学于子夏，公羊高子孙

---

①《汉书·武五子传》，中华书局，1962年，第2749页。

②同上书，第2741页。

继续口授讲解而成。到西汉景帝时，公羊高的玄孙公羊寿与胡毋生一起将《公羊传》著于竹帛。汉武帝之所以大力倡导《公羊传》的思想，主要是因为欣赏其中的"大一统"思想，而其非常契合当时推崇的中央集权，并利用"天人感应"解释了汉王室的合理性和合法性。例如，解释"王正月"是表明天下之始归于一王，强调了王者承天受命、统治天下的正统性和唯一性；还将鲁国的十二公分为三个阶段，分别对应着衰乱世、升平世和太平世，体现了"所见异辞，所闻异辞，所传闻异辞"[①]。这些都非常契合汉武帝的理论需求。

《穀梁传》，据说是子夏的弟子穀梁赤所传，在西汉时写定为文本。《穀梁传》解经相对较为平实，多注重对字词和语法的解释，通过对经文文字的细致辨析来挖掘其中的微言大义。《穀梁传》常立足于具体的事件和人物行为，根据礼义规范来判定褒贬，没有《公羊传》那样注重理论阐释。

《公羊传》和《穀梁传》的根本区别是，前者推崇自上而下的国家一统，认为王是国家的象征；后者重视自下而上的礼义，认为王之上还有礼义。汉武帝很喜欢《公羊传》，尤其欣赏其中的"大一统"观念，赞同"尊王攘夷"。但《穀梁传》更多维护礼制秩序，主张严格遵循周礼，对于违反礼制的"权变"应该给予严厉批评，认为大家必须按照"义"的标准做事，皇帝也要归道义管。因此，《公羊传》更多强

---

①《春秋公羊传注疏·桓公二年》，《十三经注疏》整理委员会整理，北京大学出版社，1999年，第71—72页。

调帝王的"大一统"，《穀梁传》更多追求儒家的礼义。《公羊传》和《穀梁传》二者的学术理路差异，实则体现在谁是最高权威，《公羊传》认为是帝王，《穀梁传》则认为帝王之上有礼义，而礼义的解释权掌握在儒生手里。

汉武帝与太子刘据闹矛盾的直接起因是"巫蛊之祸"，深层动因应该是汉武帝对太子刘据所学的不满。《汉书·儒林传》记载："太子既通，复私问《穀梁》而善之。"[1]也就是说，汉武帝专门下诏希望太子刘据学习《公羊传》，但太子刘据在学习《公羊传》之外私下学习《穀梁传》。这件事在今天看来是一件不太起眼的小事，但在汉武帝时期则是一件父子学说不同、意见不同、看法不同的大事。

在汉武帝时期，立《春秋》博士，是为官学，而太子刘据所受的《穀梁传》却是民间杂学。西汉重师法，指的是学者跟随某位老师学习，并遵循该老师的学术观点。太子刘据不从官学，不从师法，表明了他与其父汉武帝的观念、学说等有分歧。据《后汉书·陈元传》载，陈元上疏曰："往者，孝武皇帝好《公羊》，卫太子好《穀梁》，有诏诏太子受《公羊》，不得受《穀梁》。"[2]由此可见，汉武帝是极力反对太子刘据学习《穀梁传》的。

汉武帝和太子刘据的观念、学说分歧是时人所共知的。《汉书·儒林传》记载："宣帝即位，闻卫太子好《穀梁春秋》，以问丞相韦贤、长

---

[1]《汉书·儒林传》，中华书局，1962年，第3617页。

[2]《后汉书·陈元传》，中华书局，1965年，第1231页。

信少府夏侯胜及侍中乐陵侯史高，皆鲁人也，言穀梁子本鲁学，公羊氏乃齐学也，宜兴《穀梁》。"①在三十二年后刘询即位时，他尚能听说戾太子刘据喜欢《穀梁传》，就知道汉武帝当时就已经知晓戾太子刘据喜欢《穀梁传》，而这就像他自己和太子刘奭因为学术分歧产生隔阂一样。换言之，戾太子刘据与汉武帝的隔阂当在所学上有了分歧。

因此，刘询召开石渠阁会议的第二个用意就是将《穀梁传》列入博士。于是，刘询仿效了霍光主政时盐铁辩论的方式，通过辩论将《穀梁传》列入博上，大家即使心不服也得口服。《汉书·儒林传》记载了这一过程：

> 太子既通，复私问《穀梁》而善之。其后浸微，唯鲁荣广王孙、皓星公二人受焉。广尽能传其《诗》《春秋》，高材捷敏，与《公羊》大师眭孟等论，数困之，故好学者颇复受《穀梁》。沛蔡千秋少君、梁周庆幼君、丁姓子孙皆从广受。千秋又事皓星公，为学最笃。宣帝即位，闻卫太子好《穀梁春秋》，以问丞相韦贤、长信少府夏侯胜及侍中乐陵侯史高，皆鲁人也，言穀梁子本鲁学，公羊氏乃齐学也，宜兴《穀梁》。②

石渠阁会议的最直接结果是，汉宣帝"乃立梁丘《易》、大小夏侯

①《汉书·儒林传》，中华书局，1962年，第3618页。
②同上书，第3617—3618页。

《尚书》、穀梁《春秋》博士"①，确立了《穀梁传》的经学地位："孝宣皇帝在人间时，闻卫太子好《穀梁》，于是独学之。及即位，为石渠论而《穀梁氏》兴，至今与《公羊》并存。"②从此，《穀梁传》成为官学，与《公羊传》并立。

刘询通过石渠阁会议讨论经义，实际让太子刘奭和未来的重臣们知道：喜欢儒家学说没错，但不要认为儒家学说能够解决一切问题。儒家的经义是可以改变的，也可以重新解释。帝王、大臣和儒生可以共同努力去改变，但不要迷信于一种学说，更重要的是要择善而从。特别是在石渠阁会议讨论的基础上，汉宣帝刘询亲自裁决，确定了官方认可的经学解释，将官方的经学观点和解释确立为正统。同时，石渠阁会议上汉宣帝刘询亲自裁决经义，确立了皇帝对经学的直接影响方式，为东汉的白虎观议经做了尝试。

当然，这次石渠阁会议讨论为不同流派的学者提供了一个交流的平台，使得儒家的经义阐释开始趋向融合，促进了经学流派之间的融通，也促成了东汉通儒的形成。因此，石渠阁会议成为中国经学史上继往开来的一次会议。

---

①《汉书·宣帝纪》，中华书局，1962年，第272页。
②《后汉书·陈元传》，中华书局，1962年，第1231页。

第十六章　汉家制度

　　汉宣帝刘询提到的汉家制度，是早期中国形成的国家治理策略，也是古代中国行之有效的治理制度。其中，刘询所言的"霸王道杂之"，点明了古代国家治理的三种路径：

　　一是王道。以儒家学说为代表，强调耕读。其中，耕是耕地，读是读书。西周时期的经济制度主要是井田制，"井"字外边加上一个框，构成地理上的九宫格布局。《周礼·地官司徒·小司徒》记载："乃经土地而井牧其田野，九夫为井，四井为邑，四邑为丘，四丘为甸，四甸为县，四县为都，以任地事而令贡赋，凡税敛之事。"[1]也就是说，西周时期是按照井田制层层扩大，形成国家的地理空间。西周早期人少地多，开垦时通常寻找一大块平整的土地，其中九百亩是标准的农田，分成九块，一块一百亩。耕作的时候，先种公田，种完公田再种私田，同时公田的产出归周王室和诸侯的公室，剩下的都归百姓。

　　《孟子·滕文公上》也记载："方里而井，井九百亩，其中为公田。八家皆私百亩，同养公田。公事毕，然后敢治私事。"[2]公田的劳作是用周围人的劳役。西周主要采用劳役地租，即百姓付出劳力用劳动给公卿、

----

　　①《周礼注疏·地官司徒·小司徒》，《十三经注疏》整理委员会整理，北京大学出版社，1999年，第279页。

　　②《孟子集注·滕文公上》，中华书局，1983年，第256页。

大夫没有报酬地干活。公田收成是公卿、大夫的，剩下的私田收成是百姓自己的。在《诗经》里，有很多诗句是描写这种劳役地租的。例如，《小雅·大田》："有渰萋萋，兴雨祈祈，雨我公田，遂及我私。"[1]意思是，希望雨水先滋润公田，然后惠及私田。后来，种地的士、庶人发现这样不公平，便光出工不出力或者干脆不出力，推动了东周时期开始逐渐推行实物地租。

战国时期的变革，实际上就是实物地租的比例在扩大。也就是说，既然大家对在公田里白白种地有意见，那就不分公田、私田了，所有种地的人都要交实物作为地租。因此，从鲁国的初税亩到商鞅变法，再到汉朝的三十税一，它们都是实物地租的征收政策。劳役地租到实物地租的转化，正是春秋战国经济组织方式的转型。战国时期变法的主要内容就是，劳役地租如何转化为实物地租，地租为国君所有还是为诸侯、公卿所有。

周朝的土地实行分封制。分封制就是周王室拥有天下的土地，按照周王朝的说法是"溥天之下，莫非王土。率土之滨，莫非王臣"[2]，即天下的土地都是周王室的，天下的人都需要臣服于周王室。

分封制名义上确定了天下的土地是周王室的，周天子派诸侯过去守着这块地。周武王、周成王就分封了很多诸侯，派自己的兄弟、儿

---

① 《毛诗正义·小雅·大田》，《十三经注疏》整理委员会整理，北京大学出版社，1999年，第851页。

② 《毛诗正义·小雅·北山》，《十三经注疏》整理委员会整理，北京大学出版社，1999年，第797页。

子去统辖和治理；诸侯再分封大夫层层治理，就形成了自上而下的分层授权制。

周政是依托大夫、士阶层建立起耕读传家的传统。古代中国百姓所说的"耕读传家"，就是用耕种和读书作为家庭风尚。例如，我们熟悉的五经就是孔子及其弟子等编订出来用于"士"这个阶层的教育和学习的。其中，《仪礼》又叫《士礼》，是士阶层和大夫阶层通用的礼仪。《仪礼》《礼记》记载了很多礼仪，但关于天子、诸侯之间的礼仪记载很少，主要在于士阶层不参与天子、诸侯之间的礼仪活动。所以，孔子入周问礼于老子，是因为他在鲁国只能看到诸侯、大夫和士的礼仪，见不到天子之礼。老子是周王室的史官，掌握周王室的礼制，既知道历史的来源，也见到过天子之礼。

西汉初年封的异姓王，大多都被汉高祖刘邦铲除了。刘邦改封同姓王，诸侯王只能是刘邦自己的子孙。后来，晋朝、唐朝、明朝、清朝都是如此，诸侯王都是天子的子侄，封王依据的是血缘关系。

周朝治理国家靠的是礼制和乐制。周公在周初制定了王朝之礼，在成康时继续作乐，在宣王时修订礼制。这些礼是给士人以上的阶层用的，《礼记》说当时国家治理的原则是"礼不下庶人，刑不上大夫"[1]。因此，早期中国认为庶人是不需要礼仪的，礼仪是在朝廷任职的官员和士人需要掌握的基本规则。

---

[1]《礼记正义·曲礼上》，《十三经注疏》整理委员会整理，北京大学出版社，1999年，第78页。

周政对中国历史影响最大的是基于士阶层形成的耕读文化。对普通的士来讲，要么成为读书人，要么成为耕种者。士如果是王室的候补官吏，是可以拥有一块土地的。士如果读了书，朝廷可以用，就可以成为官吏；如果不读书，就是普通的庶人。

孔子说："君子谋道不谋食。"① 谋食，就是劳力者用体力去挣钱；谋道，就是获得了俸禄的士，要思考社会发展的规律。不过，各家的道却有所不同，其中儒家讲的道是人道，道家讲的道是自然之道。在孔子所处的春秋末期，他所面对的是士阶层成长为大夫阶层所思考的社会问题。对劳力者来讲，儒家的说法是不务实的；但对劳心者来讲，要能够做到谋道不谋食。在当时，大夫阶层和入职的士，已经把吃饭问题解决了，他们要思考的是社会如何运行，人如何做得更得体。

儒家为人的发展设计了很多道路。例如，《大学》讲一个人怎么从小我走向大我，其中小我是吃喝拉撒睡的我，大我是承担家国责任的我。"大学之道，在明明德，在亲民，在止于至善"②，士大夫阶层通过格物、致知、诚意、正心、修身、齐家、治国、平天下的学习，既能治国也能立身。儒家不断推广这些学说，把原先教士大夫的典籍变成了全社会的普遍认知。

儒家基于周政建立的耕读学说对中国历史的影响非常大。后世的读书人读四书五经，学习儒家经典，通过乡举里选、察举、科举等制度进

---

① 《论语集注·卫灵公》，载《四书章句集注》，中华书局，1983年，第167页。
② 《大学章句》，载《四书章句集注》，中华书局，1983年，第3页。

入朝廷的体系内，维护古代中国社会的超稳定结构，以耕读传家的方式延续农业社会的小农经济。

但读书人能读书的前提是和平的环境，因而儒家学说特别适用于天下稳定的太平时期。当天下大乱的时候，儒家学说就缺少应对之道，因为其讲究君子小人之道、仁义之道，不足以治乱。也就是说，只有在天下太平时用周制、用经学的理论，才可以实现海晏河清。事实上，中国历代王朝的"上马得天下，下马治天下"，是法家和儒家的特长结合起来的产物。

二是霸道，以法家学说为代表，核心是耕战。在农业社会，要想迅速地把一个积弱积贫的、一盘散沙的国家团结起来，只有耕战的路子最快。耕是种地，战是作战。当时，国家依靠农业才能够有所积聚，依靠战斗才能有所发展。秦国从商鞅变法到统一东方六国，用的正是耕战之法。秦统一六国后，吕不韦试图用其他学说来改造秦国的耕战传统，但没有成功。随后吕不韦自杀，他的主张虽然体现在《吕氏春秋》中，却没来得及实践。因此，《吕氏春秋》仅限于书本上的思考，却非系统的治国。

以耕战立国的秦政是一元化的体制。秦国的先祖最初在甘肃天水一带给周王室放马，逐渐从一个家族发展成一个部族。周平王东迁时，把关中的失地赐给了秦襄王。不过，秦襄王只有打败犬戎才能得到这些土地。于是，秦国持续作战，不断地夺回西周遗失的土地。到秦穆公时，借鉴东方六国和犬戎的治国经验，开始建立秦制，逐渐地与东方诸侯国抗衡。秦孝公时，商鞅变法，建立了秦政。

秦国之所以要变法，是因为生产力的变更导致了生产关系需要进行相应的调整。在西周时期，主要的土地制度是井田制，劳动的顺序是先公田后私田。到了东周时期，就有人只出工不出力了，更发现有人不劳而获，如《诗经·伐檀》记载："不稼不穑，胡取禾三百廛兮？"[1]当一个人质疑这种方式时，其他人也逐渐响应，这就需要改变这种通过劳役取得地租的方式。于是，从鲁国开启了废井田、开阡陌，实际上就是废除井田制，减少劳役地租，开始收取实物地租。

周朝原本的管理方式是分封建国，是周天子把一块土地分封给功臣或者子孙使其成为诸侯，诸侯们再把这块土地分封给自己的孩子，孩子又把土地分封给他们的孩子，形成层层分封的结构。然后，诸侯们将他们土地上的一部分收入以贡赋的方式上交给周天子，这相当于让他们管理这块土地，然后把土地上的收入上交。也就是说，周天子直接分封的诸侯才对周王室负责并上交土地收入，而诸侯们分封的卿或士只对分封诸侯负责。这样一来，诸侯们与周天子的关系就越来越远了，久而久之血缘关系已经无法维持了。

秦国是派官员去管理将新得到的土地，官员管理以后把收的租税都交给君主，君主给他们发俸禄。这就是郡县制的来源。

换言之，西周的分封制是将土地分封给诸侯去管理，诸侯拥有土地的所有权，只需要给周天子缴纳赋税就可以。秦国的郡县制是君主派官

---

[1]《毛诗正义·魏风·伐檀》，《十三经注疏》整理委员会整理，北京大学出版社，1999年，第369页。

吏去管理，土地所有权是国君的，与派去管理的官吏无关，管理者只有管理权。

在中国历史上，分封制和郡县制的实行在不同时期不是完全单一化或绝对化的。汉朝初年，郡县制与分封制并存，即实行郡国制；到曹魏时期，实行郡县制；到西晋时期，又推行分封制；到明朝时期，也推行过分封制。

从国家统治层面来说，郡县制是派出代理官员，官员只要把税赋收上来即可，君主可以直接管理土地；分封制下君主不直接管理诸侯的土地，实行的是层层委托制。因此，郡县制和分封制相比各有利弊，学术界一直在讨论孰优孰劣。

其中，分封制的优点是诸侯要在一个地方待一辈子，其子孙也仍旧留在这个地方，对土地的投入精力就会很多，对地方的长治久安会很留意，有利于地方的建设和发展；缺点是地方和中央的关系越来越远，时间一长血缘关系就淡了，也就容易发生动乱，如西汉的"七国之乱"、西晋的"八王之乱"等。

郡县制的优点是海内一统，从中央到地方的土地所有权和行政权力都归于君主一人之手，地方官员只是代替君主到地方行使权力，有利于中央高度集权；缺点是君主委派的官员只对上负责而不对下负责，往往在地方待三至五年就调任到其他地方，政策施行不能得到延续，很多问题不能得到根本上的处理和解决。

古代中国更多采用的是郡县制，官员只对中央、对君主的任命负责。在古代农业社会，官员虽不容易造成太大的亏空，但有时候也会有例外，如在任期里把未来五年的税赋先收完，至于五年之后会如何就不管了，因为到时候他已经调到别的地方了。例如，唐朝时期，官员的任期是三年，上任官员调走以后会给继任官员留下很多债务问题，从而给地方造成治理上的困境。所以，从现实层面上看，郡县制和分封制是各有利弊的。

因此，在汉朝初期，君臣对秦朝的政治制度进行反思后，决定同时实行分封制和郡县制，即封国郡国并行。

在汉朝君臣看来，秦国是一元制的国家，上下只有一个声音，实行一种律法和兵役制度，有利于集中力量办一件大事。秦国的百姓平时在家种地，闲时在边境打仗，通过打仗获得额外的财富，可以被赐予爵位，而爵位既可以抵税也可以抵罪。由于打仗带来的巨大利益诱惑，百姓都愿意去边境打仗，战争动员也就变得非常容易了。这样，秦国就变成了一个巨大的战争机器，不断向外扩张和吞并土地，并掳掠周边国家的百姓以获得更多的人口。但是，秦国灭山东六国统一天下后，百姓没有仗可打了，只能全部在家种地，不仅额外的财富没有了，而且君主还用"焚书坑儒"来控制思想，并不断征发徭役大兴土木，以致秦王朝至秦二世而亡。

其实，在秦孝公时期，商鞅见秦孝公时就给出了三种治国学说。一是帝道，即按照尧舜禹汤的天时、地利原则来做事，因循自然地统治天下。结果，秦孝公听得直打呵欠，自然就作罢了。二是王道，即以儒家所强调的"仁、义、礼、智、信"等统治天下。秦孝公本来以为能招徕贤才，听到"仁、义、礼、智、信"等说辞后不禁大怒，转身大骂推荐商鞅的宠臣景监："子之客妄人耳,安足用邪!"[1]三是霸道,即以武力、刑法、权势等统治天下。秦孝公一听,王道需要上百年才能使秦国强大,帝道也需要几十年,霸道却只需要十几年,自然乐以受之。

随后,秦孝公就派商鞅到大殿上跟秦国的大臣辩论。辩论以后,秦孝公发现商鞅能够自圆其说,觉得商鞅的策略从理论上是可行的。为了试探商鞅能不能做到,秦孝公就给他出了一道题:当时秦国的百姓不相信国家,该怎么让他们重新相信国家呢?于是,商鞅采用了"徙木立信"的方式,让秦国百姓相信朝廷是有信用的。之后,秦孝公重用商鞅开始变革,史称"商鞅变法"。

商鞅变法的核心主要有三个方面:一是耕战强国;二是弱民强国;三是帝道。

耕战强国,采用的是国家一统的方式。商鞅认为,百姓只要成年就得离开家庭自立门户,这样才能全力以赴地进行生产。因此,国家要动用力量,让百姓不要聚族而居,而像儒家强调的聚族而居自然是不行的。在秦政之下,每个人必须变成生产力,分开后不仅会产生消费,还会有劳动力,这样百姓才会归心于农。于是,商鞅在秦国百姓中间树立"一"的概念,就是让百姓知道在秦国只有听话才能挣到钱,国家不提倡的不要做,国家提倡的才是要做的。因此,在商鞅的政令之下,秦国的百姓只能务农,周朝以来施行的礼乐制度都被废弃掉,读诗、读书都被看作无用的东西。这样,秦国上下将精力都放到种地和作战上,百姓

---

① 《史记·商君列传》,中华书局,1962年,第2228页。

平时种地，农闲时就打仗；如果打胜了，秦国就有土地、有人民，百姓也能立功。

秦国实行"壹赏、壹刑、壹教"。"壹赏"是全国只有君主一个人说了算，制度是统一的。秦国的车马、道路、度量衡、法令、文字是统一的，它把全国的一切都统一起来，政府的命令也能很快下达。"壹刑"是刑罚统一，刑无等级，卿相、将军至大夫、庶人都得遵守律法。商鞅变法之后的秦国只听君主的命令，民间的"博闻、辩慧、信廉、礼乐、修行、群党、任誉、清浊"以及评置权都归国家。"壹教"是国家派官吏来管，百姓以吏为师。当然，秦国没有儒家的孔子、孟子、荀子这样的人，君王也不喜欢他们的思想，因此荀子去秦国转了一圈就走了。那时，秦国人的生活就是种地、作战、信奉方士。

弱民强国，是既不让百姓过于松散，也不让百姓过于积聚。商鞅所采用的什伍制度，是按照五家为伍，十家为什的单位编制，相互监督并组织起来。商鞅确定连坐法，人人自危，户户自保，以致百姓彼此监督，人人执法。

由于秦国不学文学，不学礼乐，百姓只知种地和打仗，没有任何精神追求和文明进步，也不知道如何治理天下，以致秦国在统一六国之后十四年就亡国了。

在秦灭东方六国建立起统一的秦帝国后，百姓不需要去对外打仗了，便被拉去修筑长城、建造宫室，以确保北方边境的安全和帝王奢华靡丽的生活。然而，修筑长城和建造宫室与对外打仗不一样，国家不但无法获得土地、人口和财产，而且还要花费大量的人力、物力和财力，当然百姓获取额外财富的手段也就没有了，因而使得曾经的战争动员机制也就失效了。也就是说，秦国在对外作战时，耕战机制是非常有效的；但灭六国统一天下后没仗可打时，秦国却没有及时从"马上得天下"转变为"马下治天下"，所建立的战时机制自然在面对新的国家治理环境下就轰然倒塌了。

因此，当秦国统一东方六国后天下太平时，儒家的耕读机制才应该是更能起作用的。换言之，一个国家要想长治久安，就必须有有效的社会有序流动，即百姓通过努力读书、好好工作可以实现往上流动。当国家治理的体系吸纳了社会精英，吸引了普通百姓，社会就会相对稳定，而这些需要完善的制度来推动。

在汉高祖刘邦建立汉帝国后，汉朝完全继承了秦朝的政治制度，但吸取了秦帝国二世而亡的教训。也就是说，汉朝的制度体系是秦政，思想体系却是周政，也就是汉宣帝说的"霸王道杂之"，就是把王道和霸道结合起来使用。实际上，在"霸王道杂之"之外，汉朝还采用帝道。

帝道，是期望帝王带领百姓实现无为而治、因循旧制，其实质就是让百姓自由生长，自己种地，不要求耕战，不要求耕读，不去干扰百姓的生活方式，"无为而治，与民休息"。汉朝初年的黄老之治，就是帝道的实行。

在战国后期，要么秦国统一天下，要么楚国统一天下。秦国是一元化的国家，全国只有一个声音，只有一个路径。楚国则鼓励有各种说法，不同的声音都存在，可以批评和指责。例如，在《楚辞》中，屈原即便离开了楚怀王，还是可以将楚怀王的各种不是说出来，不管是对楚怀王还是同僚、学生。

汉朝初年，来自楚地的汉高祖刘邦和他的功臣实行的"无为而治"，就是帝道的延续。也就是说，汉朝的制度中，除了霸道、王道，还有帝道一脉。因此，汉宣帝刘询时期形成的汉家制度，实际是融合霸道、王道和帝道的帝王之道。

汉宣帝刘询是汉武帝刘彻的曾孙，他曾对太子刘奭所讲的"汉家自有制度，本以霸王道杂之"[1]，是说汉朝是把霸道和王道结合起来用的，不是完全用周政，也不是完全用秦政，而是霸道和王道结合起来的帝王之道——汉家制度。

霸道主张国富民弱，是把国家有限的资源集中起来实现国富，百姓都是国家的臣民，完全服从于国家的需要。王道主张民富国强，是让百姓富足起来，先民富后国强。一个国家到底如何实现民富，如何实现国富？霸道和王道有了分野，目标不同，路径也不同。其实，中国历代的变法都在国富和民富中徘徊，有时以国富为主，有时以民富为主。但是，国家要长治久安，就需要在国富和民富之间寻找一个平衡，采取恰当的治理策略，这才是"霸王道杂之"的含义所在。

刘询在位二十五年，采用"霸王道杂之"的汉家制度，系统纠正了汉武帝时期的弊政，实现了西汉中兴。班固在《汉书》中总结了刘询的历史功绩：

---

[1]《汉书·元帝纪》，中华书局，1962年，第277页。

信赏必罚，综核名实，政事文学法理之士咸精其能。至于技巧工匠器械，自元、成间鲜能及之，亦足以知吏称其职，民安其业也。遭值匈奴乖乱，推亡固存，信威北夷，单于慕义，稽首称藩。功光祖宗，业垂后嗣，可谓中兴。①

在中国历史上，建立一个王朝很容易，亡掉一个王朝更容易，但能让一个内忧外患的王朝重新焕发生机却非常艰难。其中，难就难在要改掉很多习以为常的积弊，打破固有的利益格局，顶住重重压力进行改革和调整。因此，这就需要王朝的主政者有耐心、有毅力，更需要有智慧，如此才能让一艘伤痕累累的大船重新起航，也才能让一个充满隐患的王朝再度复兴。

纵观中国王朝史，商有"高宗中兴"、周有"宣王中兴"、汉有"昭宣中兴"、唐有"元和中兴"、明有"弘治中兴"等，这些朝代之所以能够绵延数百年，正是因为有中兴之君的主动改革和力挽狂澜。以此观之，如果要实现一个朝代的中兴，实现一个国家的复兴，不能回避的是必须要打破传统的积弊，必须进行壮士断腕般的变革。

---

① 《汉书·宣帝纪》，中华书局，1962年，第275页。

后　记

这本小书是在 2013 年写出初稿的。

那时，我正在做《秦汉文学格局之形成》的研究，在出差途中有《汉书》为伴，读得兴致盎然时有很多历史人物和事件便渐渐地在眼前浮现，觉得历史有时比小说精彩得多。于是，我便想着把其中有趣的故事写出来，用学术研究的方法，用通俗的写作笔法，以作为读书的增值产品，也作为学术研究的副产品。

随后，我便利用出差的空隙，在高铁、飞机和候机厅陆续敲出来这些文字。2014 年到西北某城后，便没有了当时读书思考的闲情逸致，也没了当年俱怀逸兴的豪情，天天沉浸在求田问舍的烦琐之中，久而久之也忘了这些文字的存在。

直到 2020 年秋，有一直合作良好的编辑约稿，遂想起此前写过这本小书。于是，我补充了内容，整理修订后寻求出版，也期待与读者一起品味一段有趣的历史。其实，我们要认识历史上那一个个似曾相识的人和事，从而理解历史的今天之所以如此，则都是因为历史曾经给予过多么深沉的成全、多么厚重的积累。

2023 年 1 月 6 日